「首都」の地政学

ベルリン・北京・モスクワ…
その選地から国家の野心が読める

Naito Hirofumi
内藤博文

KAWADE夢新書

その国の野心、願望を決定づける首都の「地政学的な誘導」とは◉はじめに

首都は、その国の象徴である。繁栄している国なら、首都はその輝かしい象徴である。破綻《はたん》国家の場合、その無法、スラム化が首都に如実《にょじつ》に現れる。ただ、それらは首都の「表の顔」に過ぎない。

じつは、首都には、ほとんどの人が気づかない「裏の顔」がある。気づいていないといっても、じつはひそかにその国の住人の意識のなかに入りこんでいる。とくに、政治家や知識人の意識のなかに浸透していて、彼らに一定の行動を促《うなが》したりする。

その「裏の顔」とは、首都が有している「地政学的な誘導」のようなものだ。あるいは、「地政学的な呪縛《じゅばく》」といってもいい。首都がその国のどこに置かれているか。たったそれだけの事実が、その国の行動原理を束縛《そくばく》し、一定の行動へと誘導していくのだ。

もともと、首都の多くは、なるべくしてなったわけではない。そのときの勢いで、たまたま首都になったケースがほとんどである。

ただ、いったんその国の首都が決まり、首都が繁栄と危機を体験していくと、首都が強

い求心力を持ち、「国の顔」のようになっていく。と同時に、首都は「裏の顔」を持つようになる。首都が必然的に、その国の住人に向けて、ひそかに潜在的な関心や願望、野心を育てはじめていくのだ。

たとえば、日本である。日本ほど首都が目まぐるしく変わっていった国は珍しいのだが、おおまかにいえば、京都（平安京）、奈良（飛鳥《あすか》、平城京）の畿内か、東京（江戸）だ。この畿内か、東京かで、日本の国のありようも変わる。なぜなら、畿内と東京の持つ地政学的な誘導が、まったく異なるからだ。

畿内の持つ地政学的な誘導とは、「西への誘導」だ。畿内は、瀬戸内海を「内海」として経済繁栄を遂げてきた。そのため、瀬戸内海の先にある九州、朝鮮半島、中国大陸に住人の目を向けさせがちだ。それは、中国大陸、あるいはその先にあるインド由来の文化への憧れ、耽溺《たんでき》にもつながっている。

この畿内の「西志向」は、日本の分断も生んだ。畿内に都がある時代、東国は無視されがちで、それが東国の独立、つまり鎌倉幕府の誕生につながっていく。

東京の地政学的な誘導とは、「フロンティア」への誘導のようなものだ。東京の位置する関東には、日本最大の平野がある。この関東平野の各地には、独立意識の強い武士たちがいて、抗争をくり返していたから、東国の統一はままならなかった。

けれども、関東が平定された江戸時代以後、関東平野は開発のフロンティアになる。それまでの日本の住人は、ちまちまとした平野のなかで満足していたが、日本一広大な関東の平野は別格であった。豊臣秀吉の命令で関東に転封《てんぽう》された徳川家康とその家臣団は、ここにフロンティアを見ただろう。以後、江戸はフロンティアの象徴となり、日本人を動かす。江戸時代、日本の経済、文化が独特の進化を遂げたのも、江戸の持つフロンティア誘導によるのではないか。

江戸が東京に変わる明治以降、このフロンティア誘導はさらに強まる。世界地図を見ると、東京の東には広大な太平洋があり、海の向こうにはアメリカがある。東京は日本の住人に世界を意識させ、世界に追いつくべくフロンティア精神を発露《はつろ》させてもきた。それが暴走した結果、日米戦争になったが、一方で戦後の経済成長につながっているともいえるだろう。

日本に限らず、その国の権力者や知識人は、みずからが住む首都を万全にし、みずからが首都で謳歌《おうか》するための考えをめぐらす。国の領土はどうあるべきか、われわれに足りないものは何なのか、どこの国と親交を結べばいいのか——これこそが「首都の地政学的誘導」とでもいうべきものだろう。

それは、えてして途方もない野心につながりやすい。かつては首都の地政学的誘導に吸引された王や政治家は、領土欲にも駆《か》られ、戦争を起こし、国を破滅に追いこむこともあった。

本書では、首都の地政学的な誘導を個別に探ってみた。その国の首都が変わらない限り、その国の野心やありようは変わらず、同じような行動ばかりをくり返すだろう。モスクワを都としている限り、ロシアの権力者は「深い縦深《じゅうしん》」を望みつづけるだろう。ロシアの望む「縦深」とは、首都モスクワから1ミリでも遠くに国境線を置くことである。

あるいは、北京を都としている限り、中国の政権はつねに攻撃的にならざるをえないだろう。モスクワであれ、北京であれ、首都の地政学的誘導に、政治家や知識人が無自覚に引きこまれていくからだ。

だからこそ、首都の地政学を掘り下げていけば、困難な未来への対処もできるのではないだろうか。

内藤博文

「首都」の地政学／目次

1章 北京に見る軍事主体の地政学

2章 ベルリンに見る東方拡大の地政学

3章 モスクワに見る西方抑止の地政学

4章 ロンドンに見る大陸関与の地政学

5章 デリーに見る 北西監視の地政学

6章 イスタンブールに見る帝国再興の地政学

7章 ワシントンに見る覇権主義の地政学

8章 ソウルに見る「力の放棄」の地政学

9章 東京に見る開拓精神の地政学

装幀◉こやまたかこ
地図版作成◉原田弘和

1章

北京に見る軍事主体の地政学

長安・洛陽と北京、どちらを都とするかで、中国は「別の国」になる

中国の首都といえば北京だが、じつのところ北京の首都としての歴史は、中国大陸の歴史からすれば新しい。古代から中世にかけて、中国大陸の首都といえば、黄河《こうが》中下流域周辺の洛陽《らくよう》や長安《ちょうあん》(現在の西安《せいあん》)であった。10世紀まで、中国の歴代王朝は、たいてい長安、洛陽を拠点とし、その時代、北京はただの田舎であった。

中国大陸の王朝は、長安、洛陽を都とするか、北京を都とするかで、まったく違う国になる。長安、洛陽の地政学的な誘導と、北京の地政学的な誘導とでは、まったく異なるからだ。

ひと言でいえば、長安、洛陽を都とする中華帝国は「中華思想」と補完関係にあり、長安、洛陽は中国を「中華思想の国」へと誘導する。一方、北京を都とする中華帝国は、北京から「軍事主導」「攻撃」の地政学的な誘導を受けてしまうのだ。

長安、洛陽が首都として育ちはじめるのは、古代中国で伝説のように語られてきた周《しゅう》王朝の時代である。孔子が説く儒教の世界では、周王朝は理想的な王朝とされている。

周は、もともと渭水《いすい》盆地を根拠地とし、紀元前11世紀の創業当初は鎬京《こうけい》を都とした。鎬

中国とその周辺国

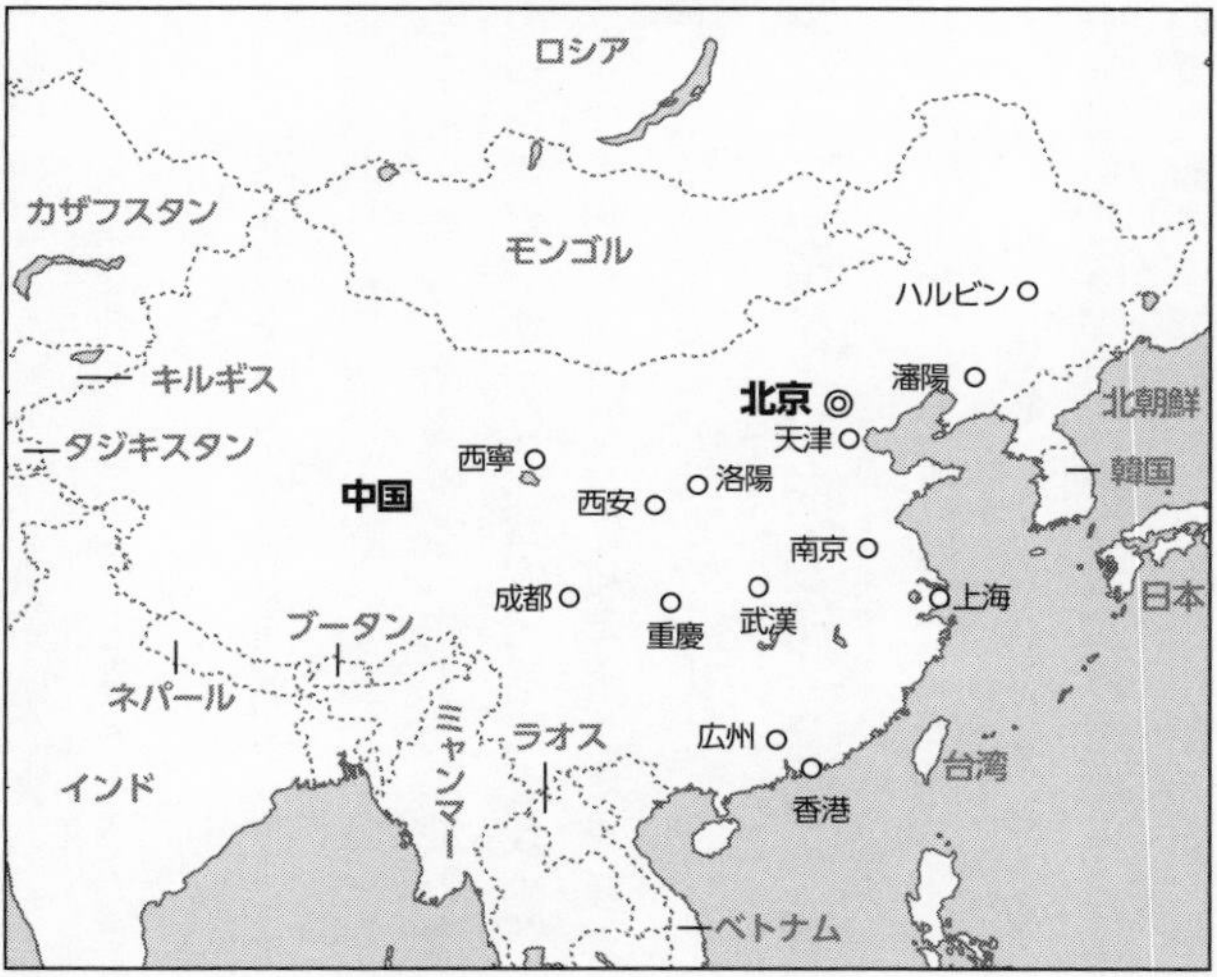

京は現在の西安の近くにあり、のちの秦《しん》の都である咸陽《かんよう》や漢、唐帝国の都となる長安は、すべて渭水沿いにある。渭水は黄河ともつながっていて、水運の便に恵まれていた。渭水盆地は「関中《かんちゅう》」と呼ばれ、古代の中国大陸では、政治の中枢でありつづけた。

洛陽を都としたのも、周王朝の時代からだ。紀元前8世紀、チベット系の犬戎《けんじゅう》の侵攻によって、周王朝は鎬京を放棄、東へ遷都する。

これが東周時代のはじまりであり、都となったのは洛邑《らくゆう》（のちの洛陽）である。洛陽は、黄河に面した街である。こののち、後漢や北魏《ほくぎ》も洛陽を都とし、洛陽のある黄河中下流域は「中原《ちゅうげん》」と呼ばれてきた。

「中原に鹿を追う」とは、唐帝国の実力者・魏徴《ぎちょう》の言葉だが、古来、中国では「中原を制する者が帝国を打ち立てる」とされてきた。このときの中原の概念には、長安までも入るだろう。

長安と洛陽が長いあいだ中国王朝の都でありつづけてきたのは、黄河とその周辺、つまりは「華北《かほく》」の中央にあったからだろう。中国が黄河流域から形成されていった歴史を考えるなら、長安、洛陽はともに王朝領域の真ん中に位置し、中国王朝の中枢として成長していったのだ。ゆえに、長安、洛陽を攻め落とすことこそが、新たな覇者の使命でもあった。地方でどんなに勢力を強大化させても、長安、洛陽を手中にしない限り、中国大陸の覇者とは認めてもらえなかったのだ。

長安と洛陽を「不動の都」にした中華思想とは

長安と洛陽が中国大陸世界で「不動の都」のように見なされてきたのは、前項でも触れたとおり、「中華思想」と補完関係にあったからだろう。

中華思想とは、中原の住人がみずからを文化的な優越者、つまりは「中華」として、周辺の異民族を蛮族《ばんぞく》視してきた思想である。中華思想においては、中原を中心に同心円が描《えが》かれる。そして、中原に最高の文明があり、中原から遠ざかるにしたがって文明が失われ、野蛮化するという考え方だ。

仮に、中華思想に根拠があるとするなら、東アジア世界で古くから文字を有してきたのが、中原を中心とする漢族のみであったということだろう。5~6世紀ごろになって中国大陸周辺では独自の文字を操る集団が登場しはじめるが、それまで中国大陸周辺の世界では漢字しか存在しなかった。漢字を自在に操り、高度な理念を文字化できるのは、中原の漢族くらいしかいなかった。

周辺の民族は文字を知らず、文字を操ろうとすれば、中原の漢族に教えを乞《こ》うしかなかった。みずからの名を記そうとしたら、漢字に頼るしかなかった。こうしたところから、中国大陸で中華思想が生まれ、文明の中心は長安や洛陽となってくる。

長安、洛陽には理想的な王朝とされる周王朝の都となってきた歴史もあるから、なおさらふたつの都は特別視されてきた。長安、洛陽は中華思想の中枢にあり、ここを都にできない勢力はただの蛮族とされる。ゆえに中国大陸に勃興《ぼっこう》した勢力は、ふたつの都の奪取を目指してきたのだ。

見方を変えるなら、古代以来、北京に首都の座が移るまで、中国では首都・長安、洛陽の地政学的誘導が働き、中華思想を大陸に広めていたといえる。中華思想が広まる限り、長安、洛陽を都としなければ「帝国」とは認めてもらえなかったのだ。

5世紀末、混乱の華北を統一した北魏が洛陽に遷都したのも、その延長線上だろう。北魏は、漢族の国ではない。鮮卑《せんぴ》族の拓跋氏《たくばつし》が打ち立てた国であり、もともとはモンゴル高原に近い平城《へいじょう》（現在の大同《だいどう》）を都としていた。

ただ、北魏の支配者たちは華北統一の過程で、しだいに漢族の文化の影響を受けるようになる。彼らが漢族の文化に染まっていくと、洛陽の地政学的誘導を受けはじめる。中華思想の民の上に立つには、中華の中心である洛陽を都とするしかなく、これまでの都・平城を捨てたのだ。

その後の隋・唐帝国も同じである。隋と唐の建国者は、ともに漢族ではないとされる。彼らは北魏の建国者と同じく、鮮卑族の出自《しゅつじ》であり、北魏の北辺を守る軍閥《ぐんばつ》集団の一員であった。

ところが、彼らが地位を上昇させ、政治の世界に入るようになると、中華思想を覚えていく。この時代の鮮卑族には、まだ独自の文化に乏《とぼ》しいから、漢族の中華思想に染まるほかなかったともいえる。彼らが中国大陸の覇者となったとき、中華思想の民を抑えこむべく、中華思想の中心である長安を都としたのだ。

中国王朝の「西方への進出」と「北方の防衛」を支えてきた長安

中国大陸にあって中華思想と補完関係にあった長安と洛陽だが、長安にはもうひとつの顔があった。長安は、中国王朝の西方への版図《はんと》拡大を支えてきた都でもあるのだ。長安を都とした前漢、唐帝国は、ともに西方に版図を広げてきている。

これにはふたつの理由がある。ひとつには、長安の位置が洛陽とくらべて、かなり西にかたよっていたことである。長安が中国大陸の中心となるには、西方への拡大が必要であった。

と同時に、北方の脅威に対抗するためである。古代以来、中国大陸の王朝にとって最大の脅威は、モンゴル高原周辺を拠点とする遊牧騎馬勢力だった。騎馬という機動戦術を得意とするモンゴル高原の勢力の前に、歩兵中心の中国大陸王朝はつねに攪乱《かくらん》されっぱなしであった。

たしかに、紀元前の時点で、中国王朝は高い文化を築いてきた。ただ、それは農耕に発する文化であり、遊牧騎馬文化の先進地帯であるモンゴル高原の勢力の前には、軍事的劣《れっ》位《い》にあった。中国大陸にはじめて長期の安定王朝を築いた漢帝国の始祖・劉邦《りゅうほう》にしろ、モンゴル高原の匈奴《きょうど》の前に惨《みじ》めな敗北を喫している。中国大陸の王朝は、モンゴル高原の勢力の属国に近かった。

モンゴル高原の勢力が中国大陸へ南下し、侵攻を仕かけるとき、そのメインルートのひとつとなったのがオルドスである。黄河は中流域で北へと大きく曲がり、黄河の南に大きく湾曲《わんきょく》した地域が生まれる。

ここがオルドスであり、モンゴル高原の勢力は黄河を越えて、オルドスから中国大陸に南下してくる。このオルドスの南に位置しているのが長安だった。長安は、中国大陸の防衛拠点でもあり、つねに北方の脅威を見つづけてきたのだ。

長安を都としたのは、前漢帝国と唐帝国である。前漢はモンゴル高原の匈奴に痛めつけられ、唐帝国はトルコ系の突厥《とっけつ》と勢力争いをくり広げてきた。ともに北方のモンゴル高原を切り取るのは難しく、北方を避けて、西北方面へと迂回《うかい》するかのように勢力を伸ばし、匈奴や突厥に対抗してきたのだ。前漢では武帝《ぶてい》の時代に西方探索がさかんになり、はじめて西方の情報が中国大陸にもたらされている。

唐帝国の場合、西方進出はイスラム帝国との対決になっている。タラス河畔の戦いではアッバース朝の軍勢に大敗を喫したが、その一方で、ムスリム商人たちが長安を目指し、長安は国際都市化している。

中華思想と無縁な民族の勃興で、神通力を失った長安と洛陽

中国大陸では長安、洛陽は長いあいだ「中華の都」として、中華思想とともにあった。けれども、10世紀初頭に唐帝国が滅亡したのち、中国大陸を統一した王朝、政権が長安、洛陽を都とすることはなかった。そして、北のはずれに位置する北京が、首都として台頭をはじめる。

中国大陸で長安と洛陽の地位が低下していったのは、中国大陸周辺の勢力が成長を遂げ、漢族の文化とは異なる独自の文化を意識しはじめたからだろう。中国大陸の周辺の勢力はこれまで長いこと独自の文字を持たなかったが、みずからの文字を持ち、独自の文化を大切にするようになってきた。

6世紀にトルコ系の突厥がアルタイ山脈から勃興《ぼっこう》をはじめたとき、彼らは独自の突厥文字を持った。8世紀に突厥を滅ぼした同じトルコ系のウイグルもまた独自の文字を持ち、イラン高原に起源を持つマニ教を信仰した。

チベット高原では7世紀から9世紀にかけて吐蕃《とばん》が成長、インド由来のチベット仏教を信仰し、インド系を文字にしたチベット文字を操るようになる。彼らは、中国大陸の漢族の文化とは無縁なかたちで成長しているから、中華思想とも無縁だった。日本列島でも、ひらがなが生まれようとしていた。

こうして中国大陸の周辺で新たな勢力が勃興し、中国王朝の国境線を脅《おびや》かしていく時代になると、中国王朝は国境線に強力な軍を置かざるをえなくなる。この軍は、唐帝国では「節度使《せつどし》」と呼ばれた。

その過程で起こったのが、8世紀の「安史《あんし》の乱」である。安史の乱は、唐の全盛期を築いた玄宗《げんそう》皇帝の楊貴妃《ようきひ》への溺愛《できあい》からはじまったとされるが、現実には楊貴妃一族とソグド(イラン系の農耕民族)人の父とトルコ系の母を持つ武将・安禄山《あんろくざん》による権力闘争劇である。この闘争は宮廷内にとどまらなかった。重要な節度使でもあった安禄山には、強力な軍団があった。

安禄山の軍事拠点は、いまの北京周辺である。当時、満洲からモンゴル高原の勢力の勃興を抑えるため、北京周辺の地政学的地位は上昇しており、安禄山は唐帝国の東北の抑えであった。安禄山は、この軍事力にものをいわせて挙兵し、洛陽、長安を占領してみせたのだ。

安史の乱はウイグル兵の支援もあって収束していくが、洛陽、長安の脆《もろ》さを露呈した。洛陽、長安の都としての座は、これまで中華思想を担保としてきた。中華思想が広がる限り、洛陽と長安の神通力は通用し、その地位は安泰であったが、ソグド人の血をひく安禄山は中華思想とは無縁であったようだ。

安禄山が没してからも、辺境を守る軍団長には異民族の出身が多く、中華思想とは縁がない。あるいは、中華思想は彼らには魅力ある思想ではなかったのだろう。彼らは力の論理で行動し、長安、洛陽への敬意はなかったから、ふたつの都は廃《すた》れ、唐帝国は内部分裂していった。

10世紀、唐帝国が滅びたのち、節度使の趙匡胤《ちょうきょういん》の宋が中国大陸を統一したとき、宋は洛陽、長安を都に選んでいない。黄河下流の開封《かいほう》（東京《とうけい》）を都としている。開封が、もともと趙匡胤の根拠地だったからだ。

趙匡胤の血筋については、漢族ではないとされる。北方系民族を出自としていると思われ、ゆえに中華思想にはさほど感化されていなかったと思われる。あえて、中華思想の中心地・洛陽や長安を都とする理由がなかったのだ。

異民族によって「帝国の都」へと成長した北京

中国大陸、さらには東アジア世界で、北京の地位が急上昇するのは、10世紀以後のことである。

10世紀当時、北京は「北平《ほくへい》」と呼ばれていた。北京は、古代の春秋戦国時代には「薊《けい》」ともいい、燕《えん》国の都であった。燕国は一時は盛強であったが、秦に滅ぼされている。10世紀まで、北京（北平）は北辺の抑えであっても、中国大陸の都のような地位からは程遠かった。

ただ、10世紀になると、北京周辺は東アジア最大の係争地となっていく。モンゴル高原から満洲にかけて、キタイ（契丹《きったん》）人による帝国が誕生したからだ。

モンゴル系のキタイ人は、モンゴル高原東部の遼河《りょうが》流域に集団をつくっていたが、10世紀初頭、ヤリツアボキ（耶律阿保機《やりつあぼき》）というリーダーのもとにまとまり、中国風には「遼」を国号とした。キタイ人の帝国は、西ではオルドス方面を征服、東では満洲に進出、満洲にあった渤海《ぼっかい》を滅ぼした。

遼帝国が満洲からモンゴル高原にかけて巨大化していった時代、中国大陸では唐が滅び、

「五代十国《ごだいじっこく》」という勢力角逐《かくちく》の時代を迎えていた。中国大陸の勢力はみずからの勢力拡大のため、キタイ人の軍事力を利用しようとした。

それが、五代の後晋《こうしん》による燕雲《えんうん》十六州の遼帝国への割譲《かつじょう》となる。後晋建国の報酬として、燕雲十六州を遼に引き渡したのだ。燕雲十六州は現在の河北《かほく》省と山西《さんせい》省の一部にあたり、北京も含んでいた。

ここからはじまるのが、満洲、モンゴル高原の勢力による北京方面からの中国大陸進出である。北京は、まずは遼帝国の中国大陸進出の拠点となっていたのだ。遼は北京を副都として「南京《なんきん》」と呼んだ。あるいは、「燕京《えんけい》」とも呼ばれるようになっていた。

この事実に気づいた中国大陸の支配者たちは、燕雲十六州の奪回に動く。その試みは失敗する。後晋は遼に滅ぼされ、新たに中国大陸を統一した宋をもってしても、奪回はかなわなかった。

こののち、12世紀、満洲に勃興したツングース系のジュルチン(女真《じょしん》)人は金《きん》を建国する。彼らは宋と結び、遼を滅ぼすのだが、このとき宋は金を謀《たばか》った。宋の背信行為に怒った金の勢力は南下し、宋の都・開封を陥落させる。ここに宋はいったん滅び、残党が華南《かなん》に南《なん》宋《そう》を建国する。

一方、華北を制圧した金は、満洲にあった都・会寧府《かいねいふ》を捨て、燕京を都とした。燕京は「中都《ちゅうと》」とも呼ばれ、満洲から北中国を支配する帝国の都となったのだ。「帝国の都」北京は、ここから出発したといっていい。

こののち、北京の新たなる支配者となるのが、モンゴル帝国である。13世紀初頭、チンギス・ハンによって勃興したモンゴル帝国は、中央アジアから西北インドにまで勢力を拡大したのち、華北では金帝国を滅ぼす。

モンゴル帝国はその後も拡大をつづけ、ジョチ・ウルス（キプチャク・ハン国）、チャガタイ・ウルス（チャガタイ・ハン国）、フレグ・ウルス（イル・ハン国）などに分裂する。この分裂のあと、東アジア一帯を統治したのがフビライである。フビライは、1264年に北京を都と定め、「大都《だいと》」としている。

それまでモンゴル帝国の都は、モンゴル高原のオルホン川沿いのカラコルムにあったが、北京が都となったのだ。フビライの帝国は、1271年には中国風の国号「元《げん》」を名乗るようになった。これが、「大元《たいげん》ウルス」、中国風にいえば「元帝国」である。

北京は、こうしてまずは北方民族の中国大陸統治のための都となったのだ。ジュルチンの金やモンゴルの元が北京を首都に選んだのは、北京が北方から中国大陸へ進出・支配するときの格好の拠点に見えたからだろう。と同時に、北京からなら、満洲やモンゴル高原への撤退も難しくはない。中国大陸統治を断念すれば、北京を放棄して、故国に戻ればいいのだ。

また、北京こそは、北方民族が中国大陸までを統治したときに、帝国の位置的な中心にあった。金の場合、その帝国は満洲から華北に及ぶ。元になると、その版図はモンゴル高原、満洲から中国大陸一帯、チベット、ミャンマーの一部にまで及ぶ。

北方から南方までに帝国の版図を広げたとき、北京はけっして北方にかたよった田舎ではなかった。むしろ、位置的には帝国の扇の要《かなめ》のような位置になっていたのだ。

こうして中国大陸の漢族にとっては異民族勢力によって、北京は首都になっていった。首都・北京は「中華の都」でも何でもなかったのだ。

明帝国はなぜ、みずから選んだ都・南京を放棄したのか?

中国大陸の新たな覇者となった金帝国や元帝国は、これまでの中国大陸王朝とはまったく異なった勢力である。彼らは中国大陸にあった漢族とは別者であると自任し、中華思想とは距離を置いていた。

ゆえに金も元も、中国大陸の古くからの都である長安や洛陽を都に選ぶことはなかった。長安や洛陽の優越は、中華思想を担保としている。中華思想抜きに中国大陸を統治する金や元にとって、長安、洛陽はただの落ちぶれた街に過ぎなかったのだ。

では、金や元の皇帝たちが何を担保に北京を都とし、中国大陸を統治したかといえば、力によってである。騎兵集団という彼らの卓越《たくえつ》した軍事力が首都・北京を支え、北京の軍事力が中国大陸をひれ伏させていたのだ。

以後、中国大陸における北京は、軍事力に勝《まさ》るという点で首都の座にありつづける。いったんは南京に都の座を譲っても、すぐに北京が軍事力にものをいわせて南京を首都から引き下ろす構造になってしまっている。その典型的な事例が、明帝国だ。

14世紀、元による中国大陸支配がぐらつき、白蓮《びやくれん》教徒の乱（紅巾《こうきん》の乱）が発生する。その過程で紅巾軍の有力武将・朱元璋《しゆげんしよう》が明《みん》を建国すると、モンゴル人たちは北京を放棄し、モンゴル高原へと撤退していった。

新たに中国大陸の覇者となった明帝国が、どこを首都に選んだかといえば、南京であった。南京はかつて中国大陸における南北朝時代、南朝の都であったものの、中国大陸全体の都であったことはなかった。初代皇帝・洪武帝《こうぶてい》（朱元璋）はその南京に目をつけ、「金《きん》

明の南京政権を崩壊させたモンゴル高原の勢力

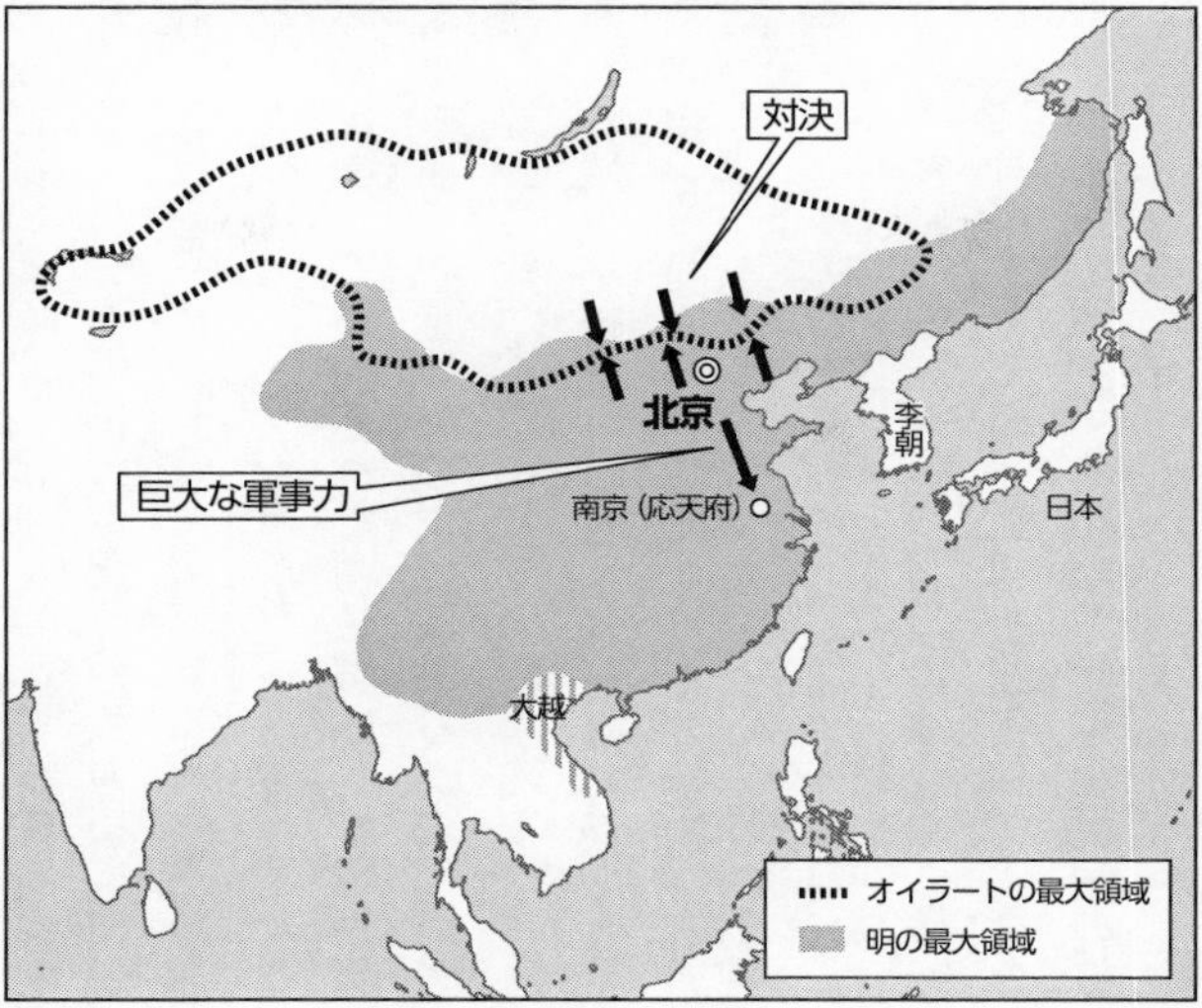

陵《りょう》」あるいは「応天府《おうてんふ》」の名で都としたのだ。このとき、北京である「大都」は旧名「北平《ほくへい》」に戻されている。

けれども、明の南京時代は長くはつづかなかった。洪武帝死去ののち、彼の孫が第2代皇帝・建文帝《けんぶんてい》として即位したとき、北平にあった燕王・朱棣《しゅてい》（洪武帝の四男）が牙を剝《む》いたからだ。燕王は北平で挙兵後、金陵を攻略し、政権を簒奪《さんだつ》。第3代皇帝・永楽帝《えいらくてい》となる。永楽帝は「北平」を「北京」とあらため、新たに明の都とした。

明の南京政権が短命であったのは、北京の軍事力がすぐれていたからである。たしかに南京にも皇帝直属の強力な軍があったとはいえ、北京はモンゴル高原の脅威に備える拠点である。モンゴルの勢力が南下すれば、これを食い止めるだけの強力な軍団が必要になる。

燕王(永楽帝)は、明のなかでも屈指の軍団を率《ひき》いており、その軍事力が帝位簒奪を決意させた。つまり、北京のすぐれた軍事力が、北京を首都に返り咲かせる結果となったのだ。漢族によって建国された明帝国は、中華思想を重んじる国である。しかしながら、明の皇帝たちは、中華思想の根源にある長安、洛陽へ都を移すことはなかった。この時代、すでに北辺の脅威が常態化していたからだ。

たしかに永楽帝はモンゴル高原へ攻勢を仕かけたが、モンゴル高原の勢力は手強《てごわ》かった。エセン・ハン率いるオイラト部が南下したとき、英宗《えいそう》（正統帝）は北京より出撃し、土木堡《どぼくほ》で大敗、エセン・ハンの捕虜になっている。勝利に勢いづいたエセン・ハンは北京を包囲し、明の支配を脅かした。

このように、中国大陸の北辺にはつねに脅威がありつづけたから、明の皇帝たちも北辺の脅威に対抗するため、長城を強化し、北京の軍事力を高めざるをえなかった。そして、北京の軍事力を独占するため、北京を皇帝の都にせざるをえなかったのだ。

軍事力を誇示することで、中国大陸の都でありつづける北京

北京は飛び抜けた軍事力を担保として中国大陸の首都の座に就《つ》いたが、その地位は清《しん》帝国の時代も変わらない。17世紀に明帝国が滅亡したのち、中国大陸の新たな支配者となったのは、満洲に勢力を築いていた清帝国だ。清は満洲族による帝国であり、明の滅亡後、北京に入城し、ここを首都とした。

満洲族の清が北京を都としたのは、かつて同じ満洲出自の金が北京に都を置いていた記憶からだろう。さらに清帝国はホンタイジの時代に、元の帝室に伝わる玉璽《ぎょくじ》を受け継いでいる。清帝国は元帝国の後継も自任していたから、元の都でもあった北京を継承したともいえる。

さらに地政学的な意味では、北京は巨大な清帝国の版図において、位置的な中心でもあった。清帝国の版図は、満洲からモンゴル高原、東トルキスタン(新疆《しんきょう》)、チベットに及ぶ。北京はその広大な領土の扇の要に位置し、帝国全体を見渡すことができた。北京は中国大陸の都というよりも、日本を除く東ユーラシア世界の都でもあったのだ。

と同時に、北京の都としての地位は軍事力で担保されつづけた。満洲族による北京政権

巨大帝国・清の「扇の要」となった北京

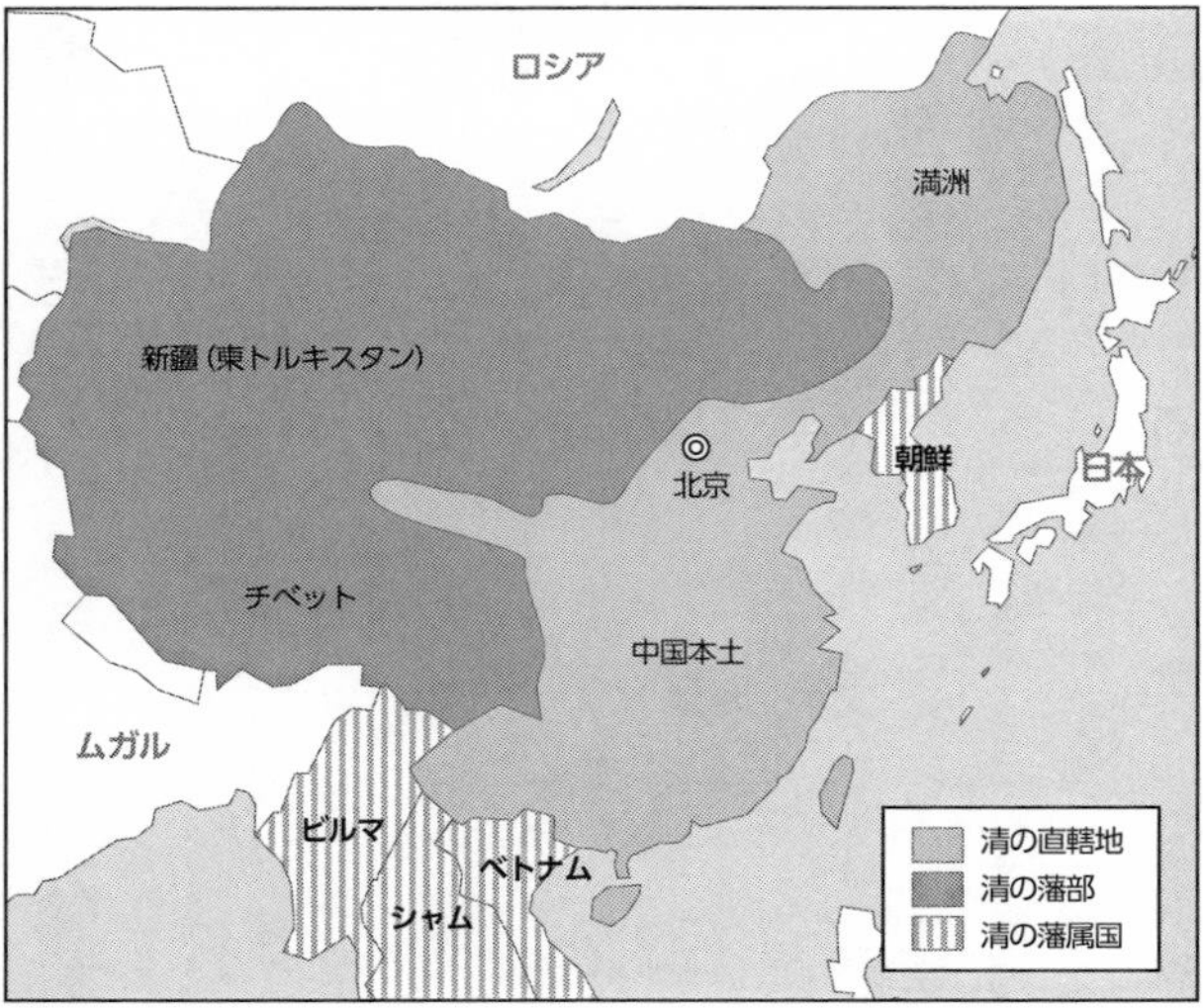

は、つねにその抜きんでた軍事力を行使することで、北京の地位を保とうとしつづけた。

清帝国の全盛期は、康熙帝《こうきてい》、雍正帝《ようせいてい》、乾隆帝《けんりゅうてい》の3代およそ130年間といわれる。それは「パクス・マンチューリア（満洲族による平和）」とも称されるが、3代の皇帝たちはつねに東ユーラシア各地で戦いつづけてきた。

康熙帝はモンゴルのジュンガル部を討ち破り、外モンゴル、青海《せいかい》地方、チベットを勢力下に置いた。乾隆帝の時代には東トルキスタンを征服し、ここが「新疆」と名付けられた。乾隆帝はたびたび外征をくり返していたから、じつのところ清帝国の辺境ではつねに戦いがあったのだ。

その戦いは、北京の軍事的優越を示すものであった。異民族である満洲族皇帝が漢族が多い中国大陸を統治するのに、決定的な切り札となるのは首都・北京の軍事力だったのだ。北京のこのありようは、いまも変わらない。

つまり、首都・北京に地政学的な誘導があるとするなら、みずからをつねに最強とし、その軍事力を誇示したくなるところだろう。北京の権力者たちは、その軍事力によって統治が成り立っているという思いこみを強くしていくのだ。だから、北京の政権はつねに攻撃し、征服せずにはいられなくなる。

共産党政権が北京を首都に置かざるをえなかった事情とは

20世紀初頭、清朝が崩壊、辛亥《しんがい》革命によって中華民国が成立する。このとき、初代の臨時大総統の孫文《そんぶん》が首都に選んだのが南京である。南京は14世紀以来、久方《ひさかた》ぶりに中国大陸の都に返り咲いたが、これまた長つづきしなかった。

結局のところ、南京の軍事力は北京に及ぶべくもなかったからだ。当時、中国大陸最強だったのは、北京にあった北洋《ほくよう》新軍である。北洋新軍の長・袁世凱《えんせいがい》の恫喝《どうかつ》の前に、南京の孫文は無力であり、臨時大総統の座を袁世凱に明け渡さざるをえなかった。

以後、中国大陸では軍閥どうしの角逐、戦乱がつづき、これにやがて蔣介石《しょうかいせき》の国民政府軍、毛沢東《もうたくとう》の共産党の紅軍、日本軍も加わる。この戦乱を最終的に制したのは毛沢東の共産党である。1949年、毛沢東を首班とする中華人民共和国が成立したとき、首都となったのは北京だった。毛沢東は、北京の天安門広場で人民共和国の誕生を宣言している。

毛沢東率いる共産党政権が北京を都としたのも、北京周辺に最強の軍事力を置かざるをえなかったからだ。中華人民共和国が成立した時代、中国大陸の北ではモンゴルの脅威が薄れた代わりに、ソ連(ロシア)が強大化していた。ソ連と中国は同じ共産国家として当初、親密な関係を築いたものの、ソ連の強大な軍事力が脅威であることに変わりなかった。

しかも、中国東北部(満洲)は不安定であった。20世紀、満洲の帰属は転々とした。1930年代、日本陸軍の軍人がここに満洲帝国を建国したが、日本の第2次世界大戦の敗北によって、満洲帝国は消滅する。

代わって満洲に進軍したのは、ソ連軍であった。こののちソ連は中国に満洲を返還したものの、満洲は共産党政権の〝爆弾〟のような存在であった。

というのも、共産党の実力者・高崗《こうこう》が満洲の実権を握り、東北人民政府主席として、「東北の土皇帝」とも呼ばれていたからだ。高崗はソ連の独裁者スターリンと昵懇《じっこん》であり、スターリンの後ろ楯《だて》があった。

スターリンからすれば、満洲に高崗を置くことは、毛沢東に対する牽制《けんせい》でもあった。スターリンは、毛沢東に心をゆるしていない。毛沢東が反ソ的な態度をとろうものなら、高崗を首班とする満洲独立政府を成立させ、ソ連・満洲同盟で毛沢東に圧力をかけることもできただろう。

スターリンの死後、東北部では高崗が失脚するものの、1950年からの朝鮮戦争によって、東北部の地政学的な地位は高まりつづけていた。東北部に隣接する朝鮮半島において、北朝鮮とアメリカの後押しする韓国が対立する限り、東北部はアメリカとその同盟国・日本に対する備えのような位置にある。その東北部、さらにはソ連を睨《にら》みつづける限り、北京周辺には最強の軍団を置かざるをえない。

仮に北京以外、たとえば上海や武漢《ぶかん》を首都としたとき、上海や武漢は軍事力で北京に劣《れっ》位《い》のままだろう。北京周辺の最強軍団を動かせないからだ。となると、北京にある実力者はその軍事力を行使して、上海や武漢の政府を打ち倒してしまうだろう。そのため、毛沢東の共産党政権も北京に都を置くしかなかったのだ。

中国は北京を都とする限り、なぜ攻撃的でなければならないのか?

北京を都とする共産党政権は、歴代の北京政権の性格を継承している。北京の発する「軍事主導」「攻撃」の誘導に沿いつづけている。

北京が首都としてある理由は、その軍事力にある。モンゴルの元帝国も満洲族の清帝国も、北京の強力な軍事力を誇示《こじ》し、国内を臣従《しんじゅう》させてきた。首都・北京の軍事力が劣弱《れつじゃく》と見なされるなら、地方で離反運動がはじまるからだ。

共産党の北京政府も、この北京の「呪縛」から離れられない。北京の共産党政府も、軍事力を内外に示すことで、国内を安定させてきている。

北京の共産党政権は、これまでつねに戦いを求めてきた。とくに毛沢東の時代には、チベット侵攻、インドとの国境紛争、台湾の離島・金門島《きんもんとう》への砲撃、ソ連との国境紛争と戦いが連続した。それは「政権は銃口より生まれる」という毛沢東の理念からだとも思われていたが、毛沢東もまた北京の地政学的な呪縛を受けていたのだ。

毛沢東の死後も、中国は紛争を求めてきた。穏健《おんけん》と思われた鄧小平《とうしょうへい》政権はベトナムとのあいだに紛争を起こしたし、江沢民《こうたくみん》時代には台湾海峡ミサイル危機を起こしている。北

第2次世界大戦後の中国がかかわった紛争

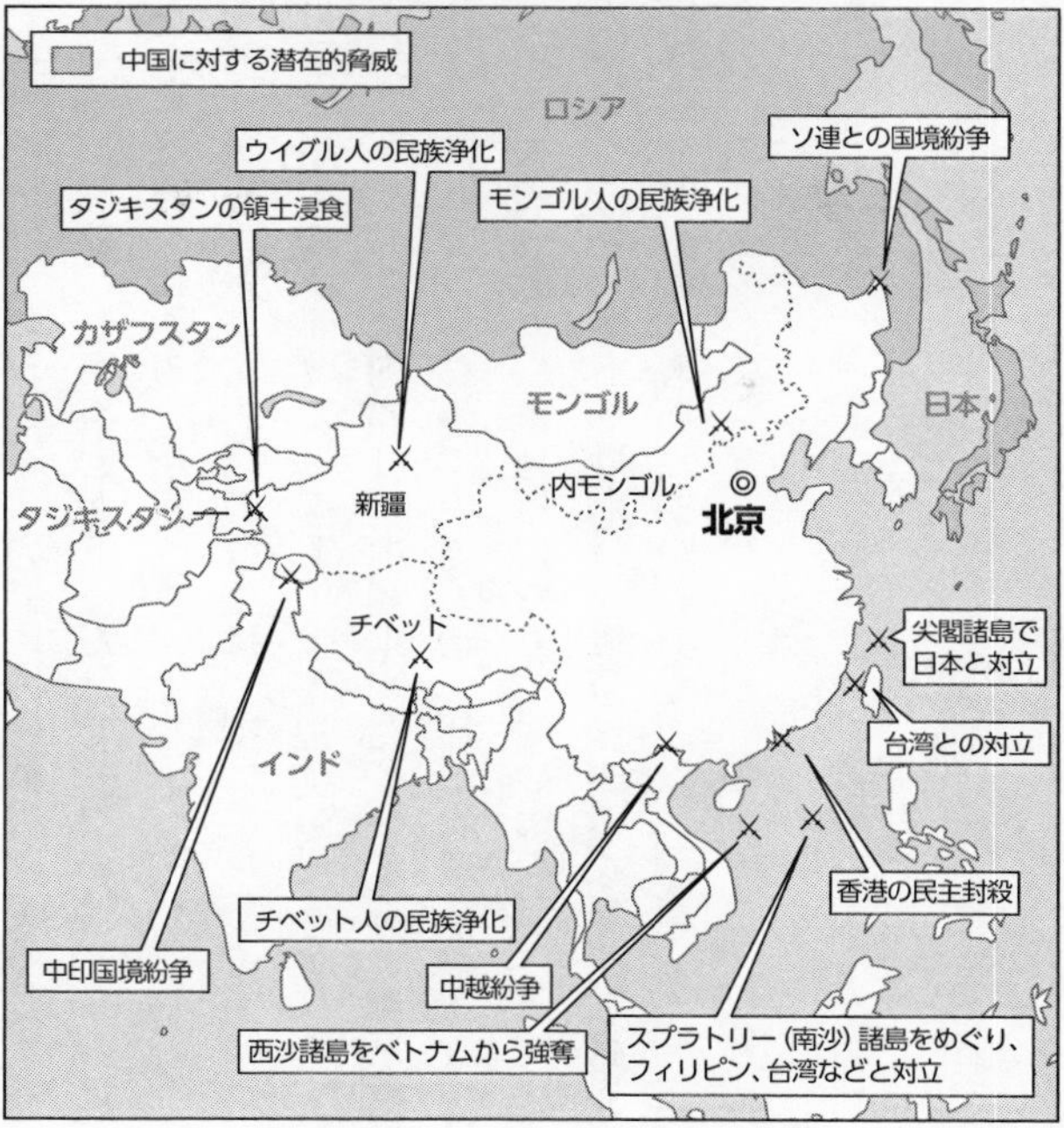

京政権は海洋進出も図り、いまもなお南シナ海のスプラトリー（南沙《なんさ》）諸島、東シナ海の尖閣《せんかく》諸島をめぐって積極的にトラブルを起こしている。これも、北京にある政権が優越した軍事力を誇示したいからだろう。

こうした北京の地政学的な呪縛は、中国大陸の周辺国には剣呑《けんのん》なものになっている。つねに北京の政権が攻撃的であり、どこかで紛争を仕かけてこないとも限らないからだ。強力な軍事力を担保とする北京の政権は、つねに軍事力で国内を納得させるしかないという思いこみにとらわれている。その優越した軍事力があるだけで安泰のはずなのだが、これを見せつけずにはいられない「呪縛」にある。

その「呪縛」から、北京の政権は、国外に与《くみ》しやすい国があると見なしたら、攻勢を仕かけ、軍事力を誇示する。あるいは、辺境の民族を攻撃する。

たとえ、それが国内向けのアピールだとしても、北京政権に攻勢を仕かけられた国からすれば、災厄《さいやく》でしかない。中国大陸の都が北京にありつづけ、北京政権が安定を求めるほど、中国大陸周辺は紛争地帯になりやすいのだ。

ただ、その軍事力への耽溺《たんでき》は、周辺国のみならず、世界からも反発を買う。そのため、中国は孤立しやすくもなっているのだ。

2章 ベルリンに見る東方拡大の地政学

ドイツはなぜ、「東のはずれ」にあるベルリンを首都にした?

ドイツの首都ベルリンは、謎の位置にある。ドイツの東はずれにあり、ポーランドとの国境線からベルリンまでの距離は、100キロもない。

ベルリンの位置があまりに東にかたよっていることもあって、ドイツ最大のハブ空港はフランクフルト空港となっている。フランクフルトからなら、ドイツ国内はもちろん、ヨーロッパのどこへでも自由に飛べる。

ベルリンの空港といえば、ブランデンブルク新空港が完成するまで、ドイツの東の玄関口程度の扱いであった。ドイツの金融の中心地がフランクフルトになっているのも、ベルリンが中心に位置していないからだろう。

ドイツには、ベルリン以外の都市を都にする選択もあった。とくに1990年、東西に分裂していたドイツの統一がなったときだ。ドイツ統一を主導したのは、西ドイツのボンにある政権である。ならば、西ドイツの都であったボンがそのまま統一ドイツの新都となってもよかったし、あるいは統一ドイツの位置的な中央にあるフランクフルトでもよかったかもしれない。

けれども、統一ドイツの政府はベルリンを首都に選んだ。政府の首脳とてベルリンがあまりに東にかたよっていることは理解していただろうが、それでも統一ドイツの都はベルリンでなければならなかったのだ。住人も、これに納得していた。

ドイツとその周辺国

それは、ベルリンが誘導してくれる夢に魅《み》せられていたからだろう。ベルリンが誘導してくれる夢とは、ベルリンが発する地政学的な誘導でもある。

それは、「偉大なるドイツ」であり、「その偉大なドイツの中心にベルリンがあるべきである」という夢である。ベルリンを首都とした統一ドイツは、これから新たな発展を遂げ、東方世界にドイツ圏を広げるのではないか、という夢でもある。

その夢は過去の記憶と密接に絡む。

いまとなっては信じられない話かもしれないが、19世紀後半にドイツの統一がなされたとき、統一ドイツ帝国はベルリンよりもはるか東、いまのロシア方面にまで領土を有していた。ベルリンは、文字どおりドイツ帝国の中心に位置していた。ドイツの住人にはその記憶が残っていて、それは地政学的な誘導となっているように思える。

1990年の統一の際に、ドイツの住人は、「大ドイツ」の位置的な中心としてのベルリンをひそかに夢想していたといってもいいかもしれない。首都ベルリンは、いつの日か大ドイツ圏の中心に位置するだろう、位置してほしいという夢想である。その夢想は、ベルリンの持つ地政学的誘導に引きずられてのものに思える。

かつては「大帝国の中心」だったベルリン

ドイツの住人が首都ベルリンの地政学的な誘導から夢見ているのは、いまより巨大な「大ドイツ」である。それは、過去にたしかに存在していた。

古くは、10世紀以来の神聖ローマ帝国の時代である。神聖ローマ帝国はドイツ王がローマ教皇から戴冠《たいかん》されることからその名が付いたが、ゆるやかなドイツの統一体であった。

当時、ドイツは多くの小国に分かれた分邦国家であり、統一ドイツは存在しなかった。

それでも神聖ローマ帝国の版図《はんと》は、いまよりも東に広がり、チェコまでもが帝国の一員であった。加えて、神聖ローマ帝国が機能していた時代、神聖ローマ帝国の東方には「ドイツ騎士団」領が存在していた。ドイツ騎士団は12世紀末に組織され、キリスト教化を目的としながら、ドイツ人の東方植民を担《にな》ってきた。ドイツ騎士団領は、いまのリトアニア方面まで勢力を伸ばしていた。

こうしてドイツ人たちは熱心に東方へと勢力を伸ばし、15世紀以降のドイツ騎士団の衰退、17世紀以降の神聖ローマ帝国の有名無実化ののちも東方に版図を有していた。

ドイツ騎士団の領地を継承していったのは、プロイセン公国である。プロイセン公国はベルリンよりもっと東に位置し、ベルリンとはまったく関係なかった。そんななか、17世紀、プロイセン公国はベルリンを根拠地としていた「ブランデンブルク選帝侯国」と同君連合を形成する。ここから生まれるのが、1701年にはじまるプロイセン王国である。

プロイセン王国は、西はラインラントからベルリン周辺、東はポーランド、ロシア、リトアニアの一部までを領有していた。このプロイセン王国が、19世紀後半、それまでバラバラだったドイツの統一をなしとげる。

1870年、プロイセンはドイツ統一をかけて、ナポレオン3世のフランスに戦いを挑《いど》

統一ドイツ帝国の中心にあったベルリン

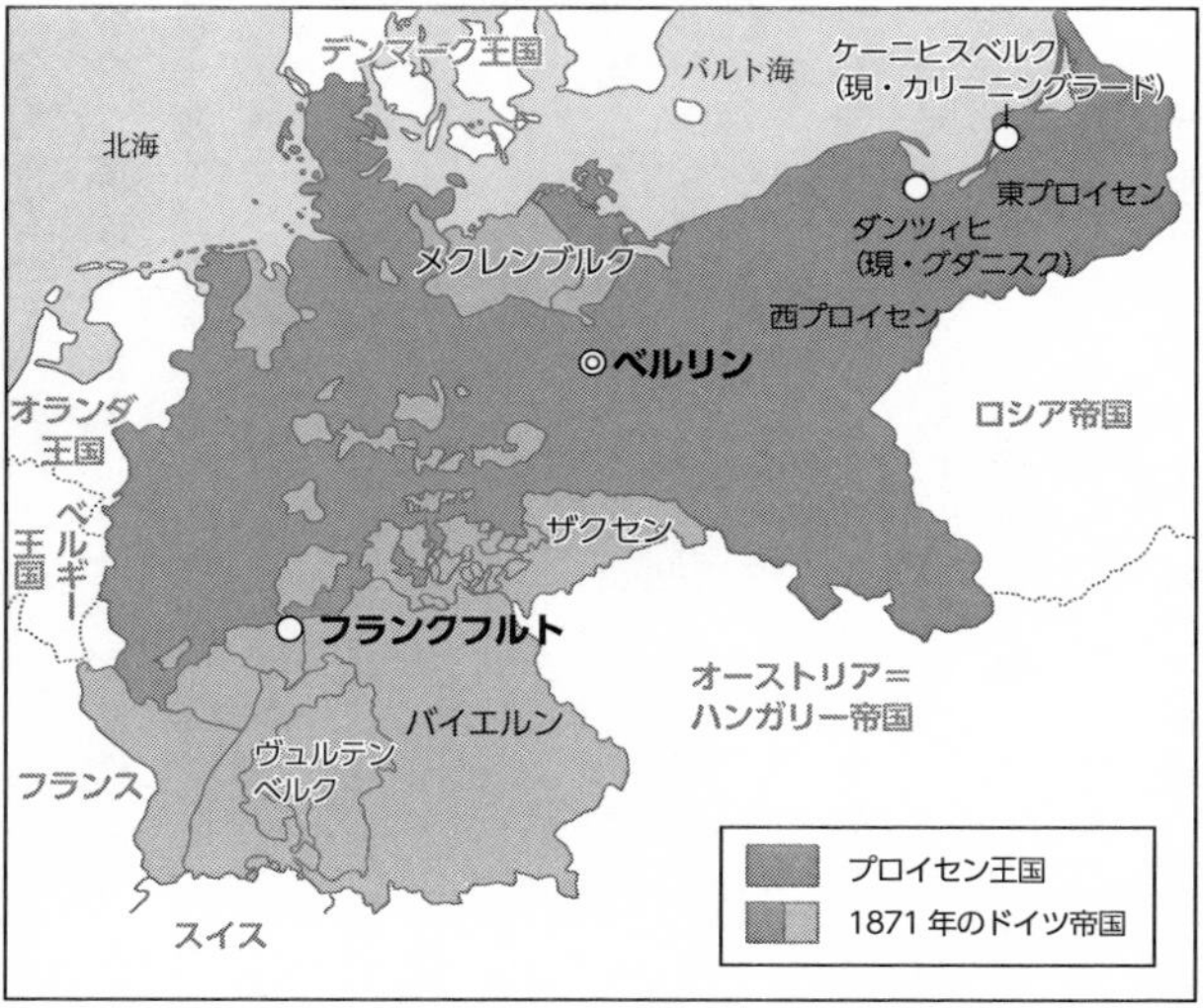

み、勝利する。1871年、プロイセン国王ヴィルヘルム1世は、ヴェルサイユ宮殿でドイツ皇帝として戴冠式を行なう。ここに神聖ローマ帝国につづくドイツ帝国（第二帝国）が誕生する。その統一ドイツ帝国の領土は、いまよりもずっと巨大であった。

とくに大ドイツ帝国は、その版図をずっと東に広げていた。ドイツ統一の主役がプロイセンだったために、いまのポーランドからロシア、リトアニアの一部までが統一ドイツの領土であった。ポーランドのグダニスクもロシアのカリーニングラードも、ドイツ領土だった。グダニスクはドイツ語で「ダンツィヒ」、カリーニングラードは同じくドイツ語で「ケーニヒスベルク」と呼ばれていた。

こうして1871年にドイツ帝国が始動したとき、ベルリンは位置的にも統一ドイツの中心にあった。大ドイツ帝国の中央にあるベルリンは、首都にふさわしいといえたのだ。

統一ドイツ躍進の時代、ベルリンが急成長を遂げた理由

1871年に統一ドイツ帝国が誕生したとき、首都ベルリンはというと、そう華やかな都市ではなかった。ベルリンの都市としての歴史はさほどではなく、13世紀に建設されたのち、18世紀になってようやくプロイセン王国の首都となっている。

プロイセン王国時代、その全盛期を築いたフリードリヒ2世は、ベルリンの郊外のポツダムに離宮を建設し、ベルリンを華やかに見せようとした。けれども、ベルリンはパリやロンドン、ウィーンなどにくらべると、田舎街の色が強かった。

そのベルリンが華やかな世界都市化していくのは、1871年、ドイツ帝国の都となってからである。ドイツ帝国(第二帝国)は、第1次世界大戦におけるドイツの敗北とともに、1918年に終焉《しゅうえん》を迎える。そのわずか半世紀弱のあいだ、ドイツ帝国は破竹《はちく》の勢いで成長をつづけていた。

とくにビスマルクが宰相《さいしょう》であった時代、ドイツは偉大な調停役たらんとしていた。当時、ヨーロッパ列強は植民地の獲得、勢力の拡大に血道《ちみち》をあげ、激しい対立を招いていた。ビスマルクはこうした対立を抑えるべく、調停者となり、1878年、1884年と2回のベルリン会議を開催している。とくにバルカン半島問題を調停した1878年のベルリン会議は、高い評価を得て、ドイツとベルリンは世界的に名声を得た。

ビスマルク退場ののち、ドイツは調停役を放棄し、新たな時代の推進者たらんとする。ドイツの産業は発展し、世界帝国を築いていたイギリスの座を脅《おびや》かしていた。ドイツ皇帝はイギリスの覇権を切り崩すべく、「大海艦隊」という巨大な海軍の建設に熱心であった。

第1次世界大戦を迎えるまで、ドイツは大いに発展し、これに合わせるかのようにベルリンも急成長を遂げた。ベルリンには世界から多彩な才能が集まりはじめ、いまなお世界一といわれるベルリン・フィルハーモニー管弦楽団の名声が確立されていったのも、この時代だ。ベルリン・フィルでは、ブラームスやマーラー、リヒャルト・シュトラウスが指揮を執《と》った。

こうしてベルリンが首都としての顔を持ちはじめていったとき、ドイツの住人は知らず知らず、ベルリンに多大な期待をするようになっていた。それが、世界に冠《かん》たるベルリンであった。

第1次世界大戦の敗北で、宙に浮いたベルリンの地位

1871年に誕生した統一ドイツ（第二帝国）の時代は、第1次世界大戦の敗北によって終わる。ヴェルサイユ条約とその後の処置の結果、ドイツが失ったのは、おもに東方の領土である。

西ではフランスにアルザス・ロレーヌ地方を割譲《かつじょう》した程度で済んだものの、東方では西プロイセン（ヴェストプロイセン）を失った。住民投票によって東プロイセン（オストプロイセン）の帰属はドイツと決まったが、西プロイセンはポーランド領となったのだ。

このため、東プロイセンはドイツ本体と切り離された飛び地となってしまった。また、西プロイセンのダンツィヒは、国際連盟の管理する「ダンツィヒ自由市」となってしまっていた。ダンツィヒにはドイツ人も多く、ドイツはダンツィヒを自国領土として残すことを主張したものの、通らなかった。

これは、ドイツにとって耐えられない不満となっていた。フランス・イギリス・アメリカ連合軍と戦った西部戦線はともかく、ロシアと戦った東部戦線ではドイツは負けていな

いからだ。

そればかりか、タンネンベルクではロシア軍相手に歴史的大勝利を飾っている。それにもかかわらず、東方ではドイツの領土が大きく削られ、戦勝国でもないポーランドに割譲されたから、ドイツの住人は癪《しゃく》であった。

ダンツィヒをはじめ、西プロイセンを失ったドイツは、1919年に民主主義を重んじる「ヴァイマル共和国（ワイマール共和国）」として再出発する。この時点で、ベルリンは位置的にドイツの完全な中心といえなくなっていた。ドイツ本国では東のはずれ近くに位置することになり、東プロイセンは飛び地として宙に浮いたようであった。

ここに、首都ベルリンを位置的に中心とした一体感が損なわれてしまったと感じたドイツ人は少なくなかったと思われる。そこから先にあるのが、ベルリンの地政学的な誘導であった。

首都ベルリンの地政学的な誘導とは、ベルリンが大ドイツの「位置的な完全な中心」でなければならないことだ。つまり、いまのドイツは不十分であり、ドイツは東に厚みを持たなければならない。これが、ベルリンが発しはじめた「東方」への地政学的な誘導だ。

敗戦直後の1920年代、その地政学的な誘導はまだ力を持たなかったが、ドイツが復活の道を歩んだ1930年代になると、大きな影響を持ちはじめる。

ヒトラー独裁を容認したドイツ人の「東方拡大」願望とは

1930年代、ドイツではナチ党を率いるヒトラーが台頭する。ヒトラーはドイツの住人から大きな支持を得て独裁を確立するが、彼が大規模な支持を得ていったのは、経済建設が成功したからのみではないだろう。ヒトラーはドイツの住人のひそかな願望、つまりドイツの東方拡大を小刻みにかなえていったからだ。

たしかに、ヒトラーは西方問題も解決してきた。ヒトラーのドイツは、第1次世界大戦後に非武装地帯とされてきたラインラントに軍を進駐させた。この西方での行動は、防衛の意味も強く、膨張主義的とは断定できない。けれども、ヒトラーのドイツは東方では膨張主義の傾向を隠さなくなっていく。

まずは、1938年のオーストリア併合である。オーストリアの住人はドイツの住人と同じくドイツ語を話すことから、大ドイツ圏が生まれた。つづいては、チェコスロヴァキアに対するズデーテン地方の割譲要求である。理由は、ズデーテン地方には多くのドイツ人が居住し、彼らを保護する必要があるからだというものだ。

ベルリンの東方誘導と結びついたヒトラーのドイツ

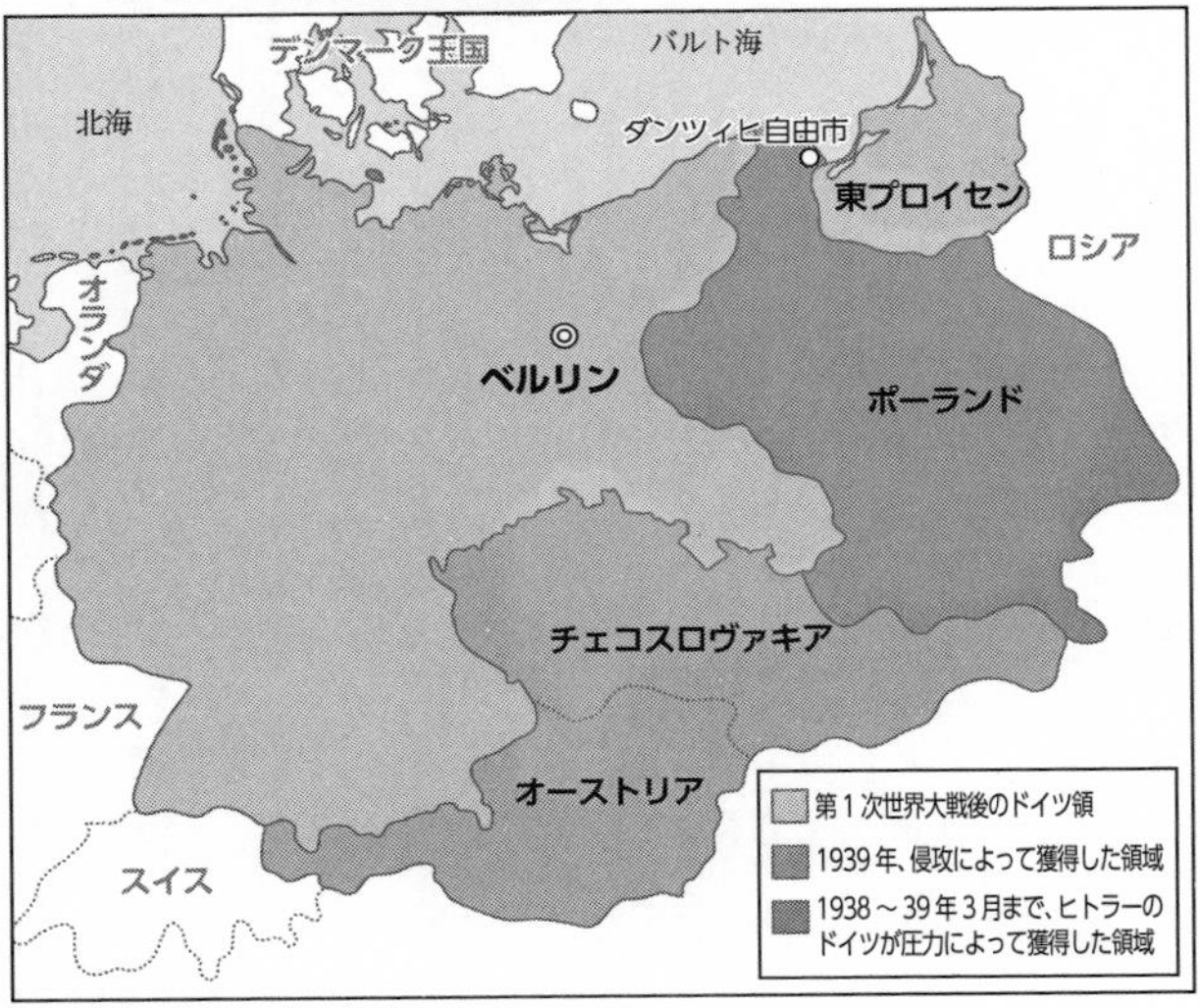

ドイツの要求はヨーロッパ内で大問題となり、イギリス、フランス、ドイツ、イタリア4か国首脳によるミュンヘン会議となる。会議では、イギリスのチェンバレン首相が宥和《ゆうわ》主義をとらざるをえなかった。チェンバレンは「これ以上の領土要求はしない」というヒトラーの言質《げんち》をとり、ドイツによるズデーテン地方領有を認めている。

しかしながら、ヒトラーの東方拡大欲求はズデーテン地方で終わりとはならなかった。ヒトラーはチェコスロヴァキアの解体へとはしり、事実上、チェコスロヴァキアを併合してしまっている。

つづいてのヒトラーの東方拡大は、ダ

ンツィヒの回収にあった。自由都市となっていたダンツィヒを自国領とし、ダンツィヒが位置するポーランド回廊を通じて東プロイセンまでをつなごうとしたのだ。

その一方、ヒトラーはポーランドの奪取を画策《かくさく》し、スターリンのソ連と共謀する。ドイツ軍がポーランドへの電撃的侵攻を仕かけたとき、第2次世界大戦がはじまった。ポーランドには東からソ連軍も侵攻し、ドイツとソ連はポーランドを分割占領する。この瞬間、ヒトラーの第三帝国は、かつての第二帝国並みの版図を領有し、ベルリンは大ドイツの「位置的な完全な中心」に収まった。

この時点まで、ヒトラーの行動を多くのドイツの住人が容認してきたのは、彼らもまたヒトラーと同様に、首都ベルリンの地政学的な誘導に乗せられてきたからだろう。

ヒトラーはオーストリア生まれであり、ドイツ人としての歴史は浅いながらも、首都ベルリンの地政学的な誘導に乗った。乗ったのみならず、積極的に東方拡大の成果をあげ、「ドイツは東に厚みを持たなければならない」というドイツの住人の無自覚な思いこみを満《み》たしているのだ。

ゆえに、ヒトラーを止める者はドイツには皆無《かいむ》に近かったのだ。

ドイツをソ連侵攻へと駆り立てた「ベルリンの地政学的誘導」とは

第2次世界大戦にあって、ヒトラーの膨張の矛先は東方にあった。ヒトラーのドイツは、西方ではフランスと戦い、ロンドンの空爆を手がけていたが、どこかゆるかった。フランスを降伏に追いこんだものの、フランス全土を制圧してはいない。ロンドン空襲が結果を出していないと悟ると、イギリス相手には正面から戦わなくなっていた。

一方で、東方に対しては膨張主義を剝《む》き出しにした。ドイツはルーマニア、ハンガリーと同盟し、1941年にソ連に侵攻をはじめた。当初、ドイツ軍の進撃は止まらず、ウクライナをほぼ制圧、モスクワに迫った。

1942年夏の時点で、ヒトラーの第三帝国は東に大きく勢力を伸ばし、西のフランスをも勢力圏と考えたとき、第三帝国の位置的な中心には、やはり首都ベルリンがあった。

ヒトラーが東方へと膨張を企図した理由は、さまざまだろう。ヒトラーは農業至上主義的な考えの持ち主であり、ウクライナの穀倉《こくそう》地帯をドイツ人のものにしたかった。さらには、東方にドイツ人の生存圏を見ていた。あるいは、バクー（アゼルバイジャン）の油田も欲していたし、スラブ人種をウラル山脈の以東へと追放したかった。

と同時に、首都ベルリンの地政学的な誘導にも釣られていたのではないか。地政学的な誘導によって、「ドイツは東方に厚みを持たねばならない」と過剰に考えたとき、ウクライナの穀倉地帯やバクーの油田さえも見えてくる。そこから「東方の生存圏」という考えが生まれ、実行に移したのだ。

ただ、ベルリンの地政学的な誘導が過剰化すると、ソ連の首都モスクワの持つ「縦深《じゅうしん》」への地政学的な誘導と衝突もする。ソ連はモスクワに首都を置く限り、国境線からできる限りモスクワを遠ざけようとする。

モスクワの楯《たて》となるのは、ウクライナであり、ベラルーシだ。そのウクライナ、ベラルーシがドイツ軍の手中に入ることは、モスクワは地政学的に許容できない。そこから先、ソ連軍の広範な反撃がはじまり、ヒトラーの野望は挫折《ざせつ》することになったのだ。

東西分割後もベルリンを領有しつづけた西ドイツの思惑とは

ベルリンの持つ地政学的な誘導によって、過剰に東方へと侵略を重ねたヒトラーだったが、最後にはドイツを破滅させて終わる。第2次世界大戦に敗れたドイツは、東西のドイツに分断されたのみならず、その領土も大きく削られてしまった。

それまで領有していた東プロイセンは、ロシアとポーランド両国の領有となった。また、ドイツの東側の国境線は、オーデル川とナイセ川をつなぐ「オーデル・ナイセ線」にまで押しこまれてしまった。

ベルリンはドイツの東のはずれになってしまっていたが、ただ、ソ連の監視のもと誕生した東ドイツのみを見るなら違った。こと東ドイツで見るなら、ベルリンは東ドイツという国の位置的な中心にあった。

ここで厄介なのは、ベルリンそのものがふたつに分割されていたことだ。東ベルリンは東ドイツの首都としてあり、西ベルリンはボンを首都とした西ドイツが有することとなった。西ベルリンは、西ドイツの飛び地として存在することになったのだ。

西ドイツは、ヒトラーを完全否定し、民主主義国家として新たに出発している。その西ドイツが西ベルリンを領有しつづけたことで、西ドイツの住人はその先を見ようとしていただろう。やがてドイツは、一体にならなければならない。そのときは、東西ドイツがともに領有していたベルリンを首都にしようという思惑があったのだろう。

実際、1990年に西ドイツの主導のもと、東西ドイツの統一がなったとき、首都となったのはベルリンだった。そこから先、統一ドイツも首都ベルリンの地政学的な誘導にまたも乗っかりはじめる。

EUの東方拡大がベルリンの存在感を高める理由

1990年、ふたたび統一をなしえたドイツは、あえてドイツの東のはずれとなっているベルリンを首都として選んだ。これは、既定路線だったといわれる。統一を主導した西ドイツが西ベルリンを保持し、西ベルリンを西側社会のショーウィンドウのように成長させたこと自体、ベルリンに対する期待だろう。それくらい、ドイツの住人に対してベルリンは求心力を持っていたといっていいが、統一ドイツはやがて首都ベルリンの地政学的な誘導に影響されていく。

統一ドイツにとって、ベルリンはあまりに東にかたよっていて、位置的には中心になっていない。だからといって、ヒトラーの時代のように、武力でもってドイツが東方へと拡大し、東方に厚みを持つことはゆるされない。

そうした制約のなかで、ドイツが見はじめたのは、EU（欧州連合）、NATO（北大西洋条約機構）の東方拡大である。もちろん、EU、NATOの東方拡大は、東欧諸国が望んだものでもあった。社会主義経済下、経済の停滞に悩んでいた東欧諸国は、EU入りすることで、経済発展を遂げたい。さらには、東方のロシアに対する安全保障として、東欧諸国はNATO加盟を望んだ。

こうして東欧諸国が次々とEU、NATOに加盟したことで、結果的にEU、NATOの範囲は東方へと拡大していった。それは、ドイツの住人を満足させるものでもあった。東欧が民主主義化することは好ましかったし、東欧諸国のドイツ経済圏への取りこみは、ドイツの経済成長のエンジンにもなっていたからだ。

と同時に、首都ベルリンの地政学的な誘導を満足させるものでもあった。いまのドイツが領土を東方へと拡張するのは不可能に近いが、ドイツの存在感を東方へと拡大することはゆるされる。東欧をドイツ経済圏に取りこむことは、ドイツ圏の拡大でもあった。ドイツ圏が東方へと拡大するほどに、ベルリンはドイツの中心ではなくとも、ドイツ圏の位置的な中心になる。

それだけではなく、EUの東方拡大は、ベルリンがEUの位置的な中心になることを意味した。現在、EUの本部はベルギーのブリュッセルにある。EUが始動した時代、フランスとドイツに挟まれたブリュッセルは、位置的にもEUの中心にあった。

けれども、EUが東方へと拡大するにしたがって、ブリュッセルは西に傾いた位置にな

EUの東方拡大により、ベルリンはEU圏の中心に

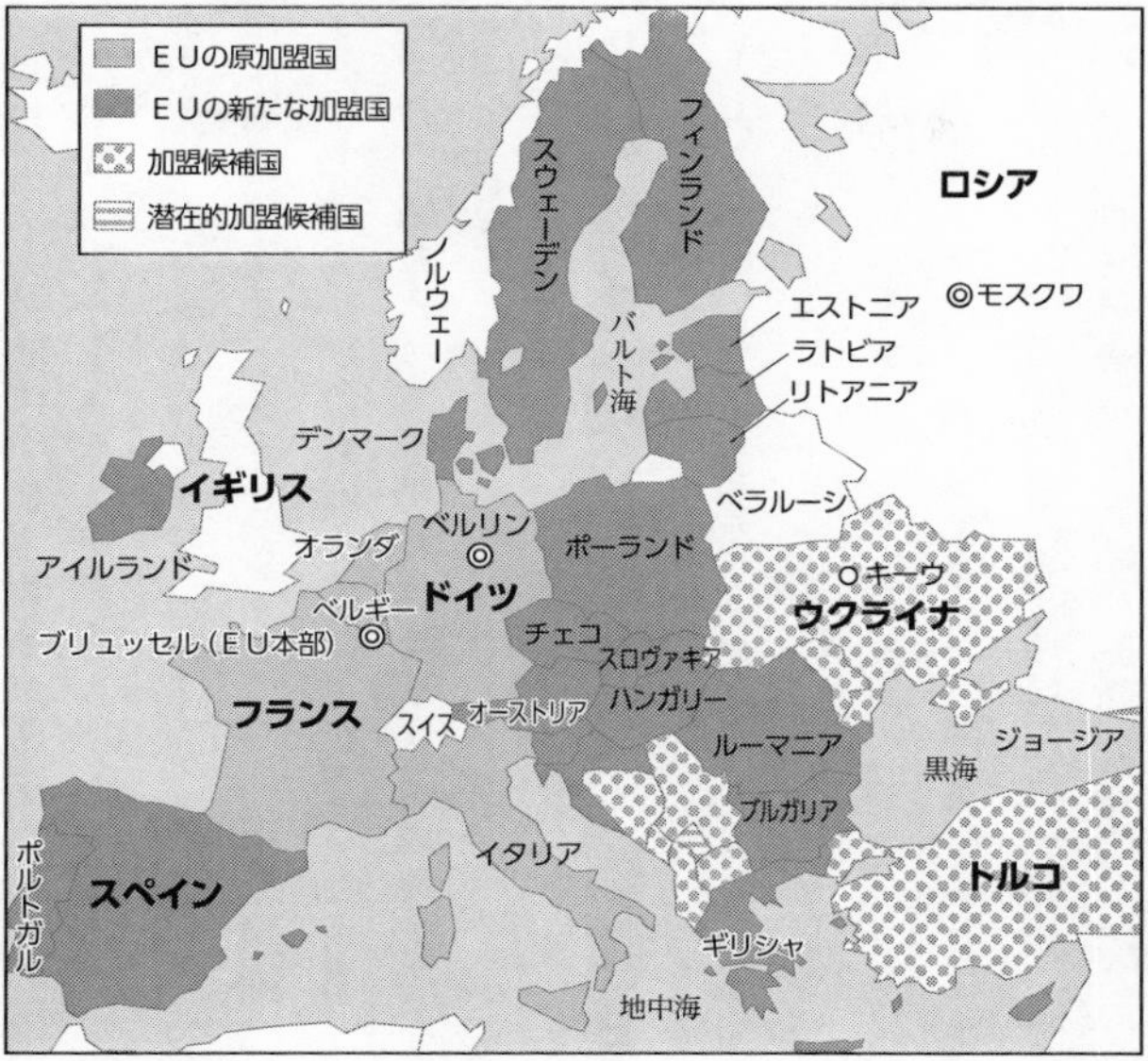

る。それよりも、ベルリンのほうが拡大ＥＵの位置的な中心になっているのだ。

　ＥＵを引っ張っていくのは、ドイツとフランスだ。なかでもヨーロッパ随一《ずいいち》の経済力を誇るドイツは、ＥＵの牽引車《けんいんしゃ》であり、指導的立場にある。そのドイツの首都ベルリンがＥＵの位置的な中心にあるということは、「ベルリンこそが実質的に、ＥＵの中心である」とドイツの住人は理解するだろう。

　首都ベルリンの持つ地政学的な誘導に乗っかっているドイツの住人ほど、その事実に満足しているだろ

う。EUは、実質的に「ヨーロッパ帝国」のようなものだ。その帝国の中心にあるのがベルリンであるという事実は、ドイツの住人にとって心地よいのだ。

21世紀、ギリシャでソブリンリスク（国・地域に対する信用リスク）が拡大した時代、財政規律を重視するドイツと、そうでない南欧諸国は対立した。いらだつドイツはEUを脱退するのではないかとも取り沙汰されたこともあったが、ドイツがEUを脱退することはなかった。拡大EUこそが、ベルリンの地政学的な地位を満足させるものとなっていたからではないか。

ベルリンによる地政学的誘導の「新たなる終着点」とは

ベルリンの地政学的な地位を満足させているEU、そしてNATOの東方拡大だが、現在、これがエスカレートしている。新たにEU、NATO加盟に手を挙げているのが、ウクライナとジョージアだ。

これは、1941〜1942年の再現と見ることもできるだろう。1941年、ヒトラーの指令のもと、ドイツ軍はソ連に侵攻を開始、ウクライナを制圧、アゼルバイジャンにあるバクー油田を求めて、ジョージア（グルジア）にも迫った。それは、ヒトラーの野望とともに首都ベルリンの地政学的な誘導のエスカレーションのなせるところだった。結果として、ソ連の首都モスクワの縦深を求める地政学的な誘導との衝突を招いてしまった。

21世紀、同じ事態が再現され、ウクライナとジョージアの動きは、モスクワの縦深を求める地政学的な誘導と衝突してしまっている。それは1941年同様、ロシアの反撃を招く結果になっている。

2008年、ロシアはジョージアに侵攻し、2014年にはウクライナから電撃的にクリミア半島を奪った。そして、2022年にはウクライナへ本格侵攻を開始し、現在に至っている。もちろん、ウクライナ、ジョージアのNATO、EU加盟問題は、首都ベルリンの地政学的な誘導の結果だったとは断定できない。むしろ実際に動いていたのは、アメリカである。

ロシア軍のジョージア侵攻の4か月前、ルーマニアのブカレストでのNATO首脳会議の場において、ウクライナとジョージアのNATO加盟を提案したのは、アメリカのブッシュ大統領である。これによりウクライナ、ジョージアのNATO加盟への道筋がついた格好になったが、このときドイツはフランスとともに時期尚早と反対している。

ドイツにすれば、1941年の失敗をくり返したくない。エネルギーにかんして大きく依存しているロシアとの関係を良好に保っておきたい。そんな思惑から、ドイツはNATOの東方拡大に歯止めをかけようとしたのだろう。

けれども、2022年のロシアによるウクライナ侵攻となると、NATOはウクライナを本格支援せざるをえなくなる。ウクライナの戦いの帰趨《きすう》は定かではないが、ドイツも巻きこまれた格好になってしまっている。現在の状況はドイツとしてはおもしろくないだろうが、首都ベルリンの地政学的な誘導にドイツがはまっていった結果でもある。

1990年の統一以来、統一の喜びもあって、ドイツの住人は無自覚に首都ベルリンの地政学的な誘導を受けてきた。EU、NATOの東方拡大は、ベルリンの地位を世界的に引き上げるのに好ましい話でありつづけた。結果、ドイツの住人もその誘導のエスカレーションに歯止めをかけられなくなってしまったといえないだろうか。

1941年のヒトラーにしろ、東方膨張があまりにたやすいから、首都ベルリンの地政学的な誘導が過熱化した帰結を楽観視しすぎた。1990年の統一ドイツ誕生後のEU、NATOの東方拡大もあまりにうまくいったものだから、その先に待っている蹉跌《さてつ》を思い起こしにくかった。

ただ、それでも、ドイツの住人は東方への拡大に引きずられているのだ。

3章 モスクワに見る西方抑止の地政学

19世紀、ふたつの首都を持つ「キメラ」だったロシア

ロシアの首都といえばモスクワだが、モスクワがロシアの首都から降りていた時代が、およそ2世紀と少しだけある。1712年から1918年まで、ロシアの都となっていたのは、サンクトペテルブルクであった。

ただ、サンクトペテルブルクが首都であった時代においても、モスクワの地位が大きく下がったわけではない。サンクトペテルブルク時代のロシアは、サンクトペテルブルクとモスクワという首都、準首都を持つ国であった。サンクトペテルブルクの国内における影響は大きいものの、モスクワの存在感も内外に大きかったのだ。

サンクトペテルブルクに都を移す以前、モスクワはロシアの唯一無二《ゆいいつむに》といえる都であった。1918年にモスクワが首都に戻ったあとのロシア（ソ連）はどうかといえば、モスクワ一強に近く、元の首都であるサンクトペテルブルク（旧・レニングラード）は首都モスクワほどの影響力を国内に持たないように思える。

このようにロシアには、モスクワとサンクトペテルブルクというふたつの首都を持ってきた過去がある。それは、ロシアの歴史を形成するどころか、世界史にまで深く影響を及

ロシアとその周辺国

ぼしている。それも、ロシアを引き裂きかねないほどの影響力だ。

ひとつには、首都モスクワの持つ地政学的な誘導と首都サンクトペテルブルクの地政学的な誘導がまったく異なるからだろう。

首都モスクワが持ってきた地政学的な誘導といえば、「縦深《じゅうしん》」の誘導であり、ロシアを「守り」主体の国にすることだった。モスクワの政府は、ロシア以外の国すべてに懐疑《かいぎ》的であり、モスクワの孤立をよしとするところがあった。

一方、首都サンクトペテルブルクの地政学的誘導は、「親西欧」とでもいえるだろう。この西欧誘導がロシアを近代化、西洋化させ、そこには「進取《しんしゅ》」の精神があった。サンクトペテルブルク時代のロシアは変化を厭《いと》わず、恐れなかったといっていい。サンクトペテルブルクの政権もモスクワの政権並みに膨張《ぼうちょう》主義的であったが、その一方で、西洋には宥和《ゆうわ》的であり、協調外交さえも積極的に行なってきた。

ロシアは、このようにモスクワとサンクトペテルブルクというふたつの都市の地政学的な誘導から成り立った、ふたつの顔を持つ「キメラ（ライオンの頭、ヘビの尾、ヤギの胴を持ち、口から火を吐くというギリシャ神話の怪獣）」といっていい。現在のロシアは、首都モスクワの持つ地政学的な誘導に乗っかっているものの、サンクトペテルブルクが与えてきた地政学的誘導の遺産もいまだ大きいのだ。

自然国境を持たないモスクワの地政学的誘導とは

ロシアの都モスクワの地勢的な特徴といえば、自然国境を持たないことに尽きるだろう。モスクワの東西南北には、平地が果てしなく広がっている。たしかに幾多《いくた》の河川、沼《しょう》沢《たく》はあるのだが、これらは自然国境を容易には形成してくれない。自然国境なきモスクワは、力の未熟な時代、外敵相手にじつに脆《もろ》かった。自然国境という砦《とりで》がないから、外敵は容易にモスクワを襲撃できたのだ。

それは、モスクワに限った話ではない。平原の上にある都市は、自然国境に恵まれず、外敵の襲撃に遭い、略奪や徹底した破壊を受けやすい。

ただ、モスクワには他の平原都市と違い、生き残りやすい条件があった。モスクワは平坦な大地の上に位置しながら、「民族の通り道」からズレているのだ。

ユーラシア大陸の民族の大きな通り道のひとつが、カザフスタンから南ロシア、ウクライナ、ベラルーシ、ポーランド、北ドイツ平原へと抜けるルートだ。

ここには移動の障害となるものがほとんどなく、古来、中央アジアの遊牧民族の西方への侵攻、移住ルートでもあった。フン人、マジャール人、アヴァール人などはこの道を通ってヨーロッパを襲撃、モンゴル帝国もこれにならった。通り道になった都市は、災厄《さいやく》に遭いやすい。ウクライナで早くから繁栄を遂げていたキーウがいったん灰燼《かいじん》に帰《き》すのは、モンゴル帝国の襲来によってである。

一方、モスクワの場合、この「民族の通り道」から北にズレていた。おかげで、モスクワは強力な外敵からの集中的な襲撃を免《まぬか》れ、力を溜めていくことができたのだ。

そして、モクスワが成長をはじめたときに望んだのは、国境線をモスクワから1ミリでも遠くに位置させることだった。つまり「縦深」の要求だ。この縦深願望こそが、首都モスクワのロシアの住人に対する地政学的な誘導だろう。とくにモスクワの権力者たちは、縦深願望の強烈な信徒であり、つねに縦深にモスクワの安全を見ようとしてきた。

このモスクワの地政学的な誘導である縦深願望は、ロシアにとっては「守り」そのものである。しかし、見方を変えるなら、周辺国にすれば、ロシアの絶え間ない膨張となる。ロシアの周辺国は、つねにロシアの攻撃対象となり、その領土を狙われつづけてきた。モスクワの「守り」の地政学的誘導は、周辺国にとっては、ロシアに隷属《れいぞく》化されかねない災厄でもあったのだ。

中央アジア勢力への服従からはじまったモスクワの歴史

ここでロシアの歴史を振り返るなら、中世のモスクワ大公国からはじまる。

これには異論もあって、9世紀ごろに成立したキーウ・ルーシ（キーウ公国）を淵源《えんげん》とする見方もロシアには根強い。たしかにモスクワ大公国はキーウ・ルーシの血統を継承しているといわれるが、モスクワ大公国はキーウとは別の系統で歴史を紡《つむ》いできている。モスクワの性格をつくり、モスクワに地政学的な地位を与えたのは、キーウよりも、むしろ中央アジアだろう。

モスクワとキーウとでは、地政学的な位置づけが異なる。キーウ・ルーシの原点にあるのは、スカンディナヴィア半島にあったノルマン人（ヴァイキング）の一派スウェード人である。ノルマン人がヨーロッパの形勢に深くかかわっていることを考えると、キーウはヨーロッパ圏として出発しているといえる。

一方、モスクワ大公国の成立に深くかかわっているのは、モンゴル帝国だ。13世紀前半、モンゴル高原におけるチンギス・ハンの部族統一以来、モンゴル帝国は急激な膨張をはじめる。東では中国大陸に勢力圏を広げ、西では中央アジアから西南アジア、ヨーロッパ方面まで迫った。

このとき、ロシア、ヨーロッパ方面の征服を担《にな》ったのが、チンギス・ハンの長子ジョチの子バトゥである。バトゥの軍団は南ロシアになだれこみ、キーウ公国を壊滅させ、ワールシュタットの戦いではドイツ・ポーランド諸侯連合軍を打ち破った。

バトゥの軍団の西方遠征は、モンゴル帝国の総帥であったオゴタイ・ハンの死没によって中断し、彼らはヴォルガ川河畔まで引き返した。バトゥはこの地で「ジョチ・ウルス（キプチャク・ハン国）」を建設、ヴォルガ川中流域のサライを都とした。

モスクワはといえば、このジョチ・ウルスに服従するところからはじまっている。バトゥとその子孫によるロシア支配は、間接支配である。少数のモンゴル人が多数のロシア系を統治するには、間接支配するしかない。ロシア各地の実力者たちはサライの宮廷に赴《おもむ》き、臣従《しんじゅう》の礼をとることで、その地位を認められた。モスクワの実力者も、そうせざるをえなかった。

このように、モスクワの後ろ楯《だて》となり、支配者でもあったのは、中央アジアの勢力といっていい。モスクワの歴史は、モンゴル、そして中央アジアの一員であるところからはじまっているのだ。

この一点が、キーウとは根本的に異なるところだ。キーウを首都とするウクライナがモスクワの支配から抜け出したいのは、中央アジア的なモスクワではなく、ヨーロッパへと回帰したいからでもあるのだろう。

ともあれ、モスクワにとって幸いだったのは、ジョチ・ウルスにあっては辺境であったからだ。モスクワからジョチ・ウルスの中心地サライまでは距離があり、この縦深がモスクワの安心感につながった。たしかにジョチ・ウルスを怒らせ、ジョチ・ウルスの騎兵にモスクワが焼き討ちされたこともあったが、それでもモスクワにとって、縦深は重要な「守り」であった。

モスクワがジョチ・ウルスの支配から抜け出していくのは、15世紀後半からのことだ。

モスクワはやがて大公国として自立し、キーウ・ルーシの血を引き継ぐリューリク朝からは「雷帝《らいてい》」イワン4世のような独裁者も登場する。

17世紀前半、モスクワではリューリク朝の血統が途絶《とだ》え、新たにミハイル・ロマノフが擁立《ようりつ》される。これが20世紀までつづくロシア・ロマノフ王家のはじまりだが、ロマノフ王家のモスクワはつねに危機にさらされていたといっていい。南ロシアの平原地帯からなら、いくらでもモスクワは襲撃できるからだ。

ロマノフ朝時代、18世紀半ばまで、モスクワはクリミア・タタールからの襲撃に苦しんでいた。現在、クリミア半島ではタタールは少数派になっているが、中世、ここに住み着いたのはタタール人たちであり、彼らは「クリミア・ハン国」を築いていた。

ムスリム化していたクリミア・タタールは、ロシア、ウクライナ方面の重要なプレイヤーであった。彼らは、しばしばモスクワに貢《みつ》ぎ物を要求し、時にはモスクワを襲撃さえしてきた。

このように、ロシアの国境線はつねに危機にあり、危機が増すにしたがって、首都モスクワの持つ「縦深」の地政学にロシアは動かされていた。これを逆に見るなら、ロシアは周辺から攻撃を受けながらも、つねに拡大していたのだ。首都モスクワの求める縦深の地政学の論理に従うなら、ロシアは縦深を求めて膨張するしかないのだ。
実際、独裁者イワン4世の時代、カザン＝ハン国を切り取り、さらにシベリアの征服もはじまっている。

ピョートル1世が新都の建設に注力した理由とは

ロシアの都モスクワの有する地政学的な誘導とは、いかに外敵からモスクワを遠ざけるかである。この地政学的な誘導は、ロシアの住人の心理にも影響を与えやすい。外敵に対する恐怖心は、異国への不信や異国人嫌いにつながりやすいからだ。

実際、モスクワ大公国時代のロシアは、ユーラシア大陸のなかで孤立気味であった。モスクワと西洋世界との接触は、ロマノフ朝時代の16世紀半ばまでなかった。西欧人がロシアをはじめて訪れたのは、1552年のことだ。イギリス人がルートを誤《あやま》ってたどり着いたのがはじまりで、西洋との接触にかんしては、ロシアも日本もほぼ同時期にはじまったといっていい。

そこから先、ロシアでは住人と訪問してきた西洋人のあいだに軋轢《あつれき》があったこともあり、「外国人村」を建設する。江戸時代の長崎・出島《でじま》のようなものだが、ロシアの閉鎖性を象徴するかのような「外国人村」がロシア史を変えていく。のちにピョートル1世となる少年ピョートルが、「外国人村」を通して西洋文化に魅せられたからだ。

17世紀末、第5代ツァーリ（皇帝）となったピョートル1世は、政争を経てモスクワで権力を掌握《しょうあく》していく。そのピョートル1世の手がけた大事業のひとつが、新都サンクトペテルブルク建設である。

ピョートル1世にとって、新都サンクトペテルブルク建設には、ふたつの意味があった。ひとつは新都を原動力に、ロシアの近代化を推し進めることだ。ピョートル1世は、ロシアの近代化の遅れを痛感していた。西欧並みの近代化を遂げないことには、ロシアは脆《ぜい》弱《じゃく》なままの国であり、強国に食われかねない。ピョートル1世は、船大工に変装してオランダのアムステルダムの造船所で働いた経験もあり、近代化がもたらす大きな意味を実感していた。

ロシアが近代化を図ろうとしたとき、障害となるのが、内陸のモスクワである。西欧から内陸に孤立するモスクワはあまりに距離があり、モスクワは近代化の主役にはなれない。近代化を図るには、西欧に航路で開かれた新都が必要であり、フィンランド湾の東奥深くに位置するサンクトペテルブルク建設となったのだ。サンクトペテルブルクからなら、フィンランド湾、バルト海、北海を経て、ロンドンやアムステルダムともつながっていけるのだ。

もうひとつは、大国スウェーデンとの戦いを勝ち抜き、バルト海に睨《にら》みを利《き》かせることにあった。当時、北欧ではスウェーデンがいまのフィンランド、ラトビア、エストニア一帯までも領有し、「バルト帝国」とも呼ばれるほど大国化していた。

スウェーデンに頭を押さえられている限り、ロシアの縦深は深くはならないと考えたピョートル1世は、1700年以来、ポーランド、デンマークと組み、スウェーデン相手に大北方戦争《だいほっぽう》を戦っている。

大北方戦争の緒戦にあって、ピョートル1世はスウェーデンのナルバ要塞の攻略にかかった。しかし、スウェーデンの若き国王カール12世の才覚の前に大敗を喫している。この敗戦から、ピョートル1世はスウェーデンを破るには、フィンランド湾に面した地に要塞が必要と見た。それが、要塞としての新都建設につながっている。

完成したサンクトペテルブルクに都が移されるのは、1712年のことだ。この間、ピョートル1世は、スウェーデンのカール12世の圧力に耐え抜いた末、ウクライナのポルタヴァの戦いで歴史的な勝利を飾っている。その戦勝の勢いが、サンクトペテルブルクをロシアの新たなる都にしたといえる。

新都サンクトペテルブルクが秘める地政学的誘導とは

ロシアは、サンクトペテルブルクに新都を構えたことで、これまでにない変貌を遂げていく。サンクトペテルブルクの地政学的な誘導に、ロシアの住人たちが乗っかりはじめたからだ。

サンクトペテルブルクの地政学的な誘導とは、「親西欧」といっていい。フィンランド湾に面したサンクトペテルブルクは、位置的には、ほぼヨーロッパである。

バルト海の一時的な覇者であったスウェーデンは、すでにヨーロッパの一員であった。17世紀のドイツ（神聖ローマ帝国）を舞台にした三十年戦争では重要なプレイヤーであり、フランスとも共闘していた。そのスウェーデンのあるバルト海に顔を出したことで、ロシアもまたヨーロッパの一員という自覚を持ちはじめた。

ヨーロッパの一員であるからには、ヨーロッパで強い力を持つ西欧とは、基本的には協調していく。これが、首都サンクトペテルブルクの地政学的誘導の延長にあった。これまで、モスクワを首都としたロシアは、他国に懐疑的であり、異国不信が根強かったが、一

14世紀～18世紀初頭のロシアの領域

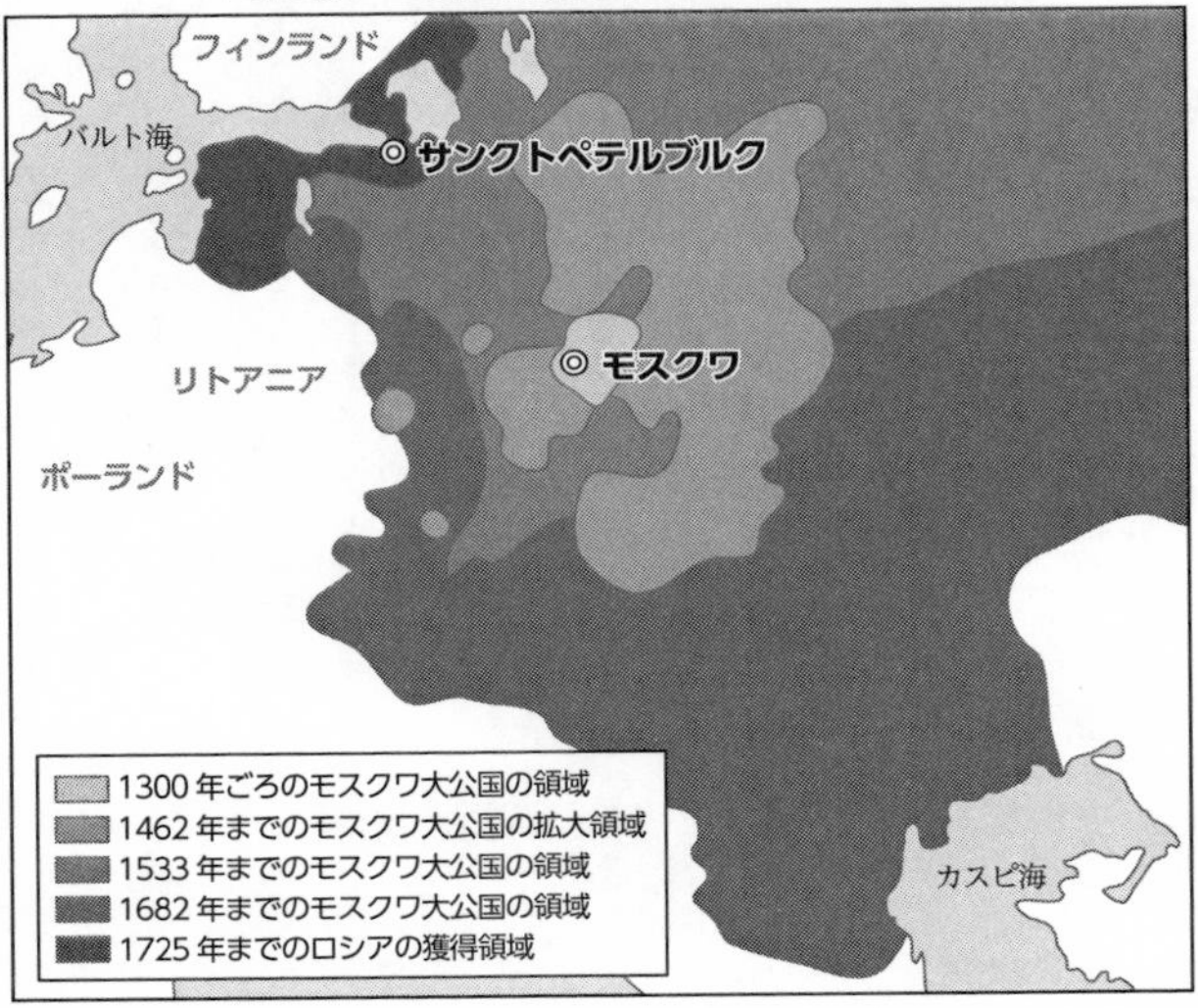

転して、サンクトペテルブルクを首都とすることで、こと西欧にかんする限り協調姿勢に変わったのだ。

サンクトペテルブルクを首都とした時代のロシアは、すでに述べたとおり、モスクワの影響力も強く、ふたつの〝顔〟を持つ「キメラ」であった。サンクトペテルブルクに地政学的に誘導され、親西欧であり、近代化を進めても、その一方で、モスクワの持つ縦深の地政学にも誘導されつづけた。サンクトペテルブルク時代であれ、ロシアは膨張主義的であった。

ロシアの膨張主義はヨーロッパにも向けられ、エカチェリーナ2世の時代には、ポーランドの一部を吸収している。ただ、そこにはサンクトペテルブルクの親西欧の地政学的な誘導も働き、ポーランド吸収にあたっては、プロイセン、オーストリアとは協調行動を取った。

つまり、プロイセン、オーストリアと共謀し、3国でポーランドを分割・消滅に向かわせたわけで、ロシアは西欧式のパワーゲームを理解していたということだ。

ナポレオン戦争という試練で、栄光をつかんだ旧都モスクワ

サンクトペテルブルクを都とする19世紀のロシアにあって、旧都モスクワの威信を高めたのは、ナポレオン戦争である。

19世紀初頭、フランスの無敵の皇帝ナポレオン対ヨーロッパ諸国の戦争にあって、ロシアは重要なプレイヤーであった。ロシアは、イギリスの主導する対仏同盟の有力な一員であり、ナポレオン軍相手にプロイセンやオーストリアとも共闘をつづけた。

実際のところ、ロシアはナポレオン軍相手に連敗つづきだったのだが、完全に屈することはなかった。ナポレオンはロシアと完全決着をつけるべく、１８１２年にロシア遠征を仕かける。

ナポレオンが標的としたのは、首都サンクトペテルブルクではなく、旧都モスクワであった。モスクワがロシアの「縦深戦略」の根源と見たからでもあるだろう。ナポレオンは、モスクワを占領すれば、皇帝アレクサンドル1世も屈伏《くつぷく》するだろうと踏んでいた。

けれども、ナポレオンのあては完全に外れた。ナポレオン軍は、ロシアの疫病《えきびょう》に悩まされながらモスクワへの入城までは果たしたが、そのモスクワは「もぬけの殻《から》」であった。アレクサンドル1世は、モスクワを放棄していた。

しかも、モスクワが陥落したからといって、アレクサンドル1世が和平交渉のテーブルについたわけでもない。放棄されたモスクワに入城した瞬間、ナポレオンは勝利の不能を悟らされただろう。

モスクワを落としても、ロシアを屈伏させられないなら、新都サンクトペテルブルクを攻略するしかない。そのための時間と戦力の余裕は、すでにナポレオン軍にはなかった。仮にサンクトペテルブルクを落としたとしても、ロシアがサンクトペテルブルクまでも放棄していたらどうなるか。もはや、ナポレオンには勝利の手立てがまったくなくなる。

ナポレオンは遠征の未来に暗雲を見て、モスクワから撤退するが、遅すぎた。ナポレオン軍は寒波、疾病《しっぺい》に悩まされ、食糧不足に陥《おちい》ったあげく、追走するロシア軍に撃滅されていく。ナポレオンは、軍を見捨てて、逃げ去るしかなかった。

ナポレオンは、首都に対して勘違いをしていたようだ。首都を陥落させれば、その国は屈伏するだろうと考えていたようだが、当時のロシアにそんな高い地位の首都などなかった。皇帝にとって、サンクトペテルブルクもモスクワも、放棄しても構わないような都に過ぎなかったのだ。

モスクワにかんしていうなら、17世紀初頭、モスクワ大公国末期の混乱時代に、ポーランド軍による2年間の駐留をゆるしたことがある。それから2世紀を経たとはいえ、モスクワは放棄して構わないような都に過ぎなかった。まだモスクワには、都としての試練、そしてその先にある栄光の時代が不足していたのだ。

ナポレオンがロシア遠征で勝利を収めるには、ひとつの方法しかなかっただろう。皇帝アレクサンドル1世率《ひき》いる軍と直接対決し、アレクサンドル1世を捕捉《ほそく》し、和平交渉のテーブルにつかせることだ。この時代のロシアにおいては、首都よりも皇帝の地位のほうが高かったようだから、モスクワを落とすよりも皇帝を捕捉する必要があった。

しかしながら、アレクサンドル1世は直接に軍の指揮を執ることはなく、主力部隊をクトゥーゾフ将軍に任せている。これでは、ナポレオンはアレクサンドル1世を捕虜にするのは難しい。

ここから先は余談めくが、ナポレオンは戦争の天才だったが、首都の認識に錯誤《さくご》があったようだ。ナポレオンはロシア遠征にかんしては、旧都モスクワこそがロシアの中心と勘違いし、戦略を誤った。ロシアの中心は、皇帝アレクサンドル1世であったことに気づかなかったがゆえに、煮え湯を飲まされた。

そのロシア遠征の失敗は、ヨーロッパ諸国の反ナポレオンの気運を盛り上げ、翌1813年、ナポレオン軍はライプツィヒの戦いに敗れる。こののち、反ナポレオンの連合軍がフランス領内に侵攻したとき、ナポレオンはフランス各地で各個撃破していく。

天才軍略家ナポレオンの才腕《さいわん》は十分に発揮されていたが、フランス文学者である鹿島《かしま》茂《しげる》氏が指摘するように、反ナポレオン連合軍はあることに気づく。フランスの中心は、ナポレオンではなく、首都パリであることにだ。

反ナポレオン連合軍は、ナポレオンとの戦闘を無視するかのように、パリに進撃を開始する。連合軍の前にパリが屈伏したとき、すべては決着し、ナポレオンの命運は定まった。

19世紀初頭の時点で、パリはフランス革命をはじめとするさまざまな栄光と試練を乗り越え、首都としての神通力のようなものを帯《お》びていた。パリの威信はナポレオン以上であり、フランスの急所はナポレオンではなく、パリだったのだ。ナポレオンは首都パリの地位を甘く見て、没落《ぼつらく》していったのだ。

一方、アレクサンドル1世によって放棄されたモスクワだが、ナポレオン戦争の試練の末に、栄光を獲得する。ナポレオン戦争を経て、旧都モスクワは首都らしくなっていった。

ナポレオン戦争は、ロシアがヨーロッパの重要なプレイヤーであることをヨーロッパに示した。ヨーロッパの王家にとって、ロシアのロマノフ王家は頼れる存在でもあった。

それは、1848年のヨーロッパの騒擾《そうじょう》ひとつからも見てとれる。フランスではパリの二月革命が勃発。国王ルイ・フィリップは亡命し、フランスには第二共和制が成立した。フランスの革命劇はヨーロッパ各地に連鎖し、オーストリアでは三月革命となり、ナポレオン戦争後のヨーロッパ世界を主導した宰相メッテルニヒを失脚させた。プロイセンでも王家が揺れていた。

この騒擾のなか、革命連鎖に断固とした態度を取ったのは、ロシアの皇帝ニコライ1世だった。ロシアはハンガリーでの革命劇を潰《つぶ》し、ヨーロッパ王家を安心させた。ニコライ1世のロシアは、「ヨーロッパの憲兵」のようにも呼ばれていた。サンクトペテルブルクの持つ親西欧の誘導がもたらした構図でもあるだろう。

サンクトペテルブルクが導いたロシアの近代化

18世紀後半、帝国ロシアは大きく変貌しようとし、揺れつづける。それは、首都サンクトペテルブルクの持つ親西欧、近代の地政学的な誘導に流されてのことだろう。

18世紀初頭、サンクトペテルブルク建設からはじまったロシアの近代化は、じつのところ、そうは進捗《しんちょく》していなかった。ロシアは親西欧的であり、ヨーロッパの一大プレイヤーではあっても、近代国家とは言いがたいところもあった。

それでも、19世紀前半までは、問題はなかった。ナポレオン戦争に勝利し、その後の戦争、おもにオスマン帝国相手の戦争でも勝利をつづけてきた。近代化が不十分でも、衰退を止められないオスマン帝国相手なら勝てたのだ。ロシアの皇帝も住人もロシアに自信を持ちつつあったが、すべてを変えたのは1853年にはじまるクリミア戦争だ。

クリミア戦争は当初、ロシアとオスマン帝国の戦いになるはずであった。しかし、イギリスとフランスがオスマン帝国側に立って参戦してきた。イギリスもフランスも、これ以上のオスマン帝国の弱体化を望まなかったし、ロシアの過剰な南下を嫌ったからだ。

クリミア戦争では、ロシアは多くの死傷者を出した末に敗れる。連戦連勝のロシアであったが、西欧諸国の前には弱かった。この瞬間、ロシアの皇帝、貴族、知識人らが悟ったのは、ロシアの後進性である。ロシアの近代化が未熟であり、後進的な社会から脱却できなかったがために、ロシアは西欧に敗れたのだと考えるようになったのだ。

ここから先、ロシアの本格的な近代化がはじまる。首都サンクトペテルブルクの持つ親西欧、つまり近代化の地政学的な誘導に、ついにエンジンがかかったといっていい。

19世紀後半のロシアの近代化、つまり西欧化を表す典型は、芸術や音楽の分野にある。それまで文化の不毛地帯のように思われていたロシアから、チャイコフスキーやボロディンのようなすぐれた作曲家、ドストエフスキー、トルストイのような西欧人も驚嘆《きょうたん》するほどの作家が登場したのだ。

サンクトペテルブルクの地政学的な誘導のもと、ロシアが近代化、西欧化に進んだとき、ロシアの住人はみずからのアイデンティティーを問わずにはいられなかった。ロシアとは何なのか、ロシア人とは何者であり、西欧とは何が違うのか。まるで明治の日本人が問うてきたようなことを、19世紀後半のロシアの住人も自問自答せざるをえなかった。

その懊悩《おうのう》と葛藤《かっとう》から、ロシアには西欧に比肩《ひけん》しながらも、どこにもない芸術や文学が生まれようとしていた。

ロシアの「親西欧」化は、なぜ帝国を破滅させたのか?

首都サンクトペテルブルクの親西欧への地政学的誘導は、19世紀後半のロシアの芸術世界を特異なものにした。その一方、親西欧の地政学的誘導はロシアの帝政をぐらつかせていた。

西欧化、近代化のなか、ロシアに流入してきたのは、革命思想や無政府主義思想であった。ロシアには、穏健《おんけん》な民主主義思想よりも、過激な革命思想やアナーキズム(無政府主義)が浸透するようになった。

過激化した革命思想の行き着くところは、皇帝暗殺である。ロシアの知識人たちは、皇帝こそがロシアの後進性の根源であり、皇帝を抹殺《まっさつ》しなければ、ロシアは救済されないと考えるようになっていた。ドストエフスキーのような作家でも、そうであった。ロシアでは皇帝暗殺計画が何度もくり返され、ロシアの改革、近代化の旗手《きしゅ》たろうとしてきたアレクサンドル2世はその犠牲となった。

20世紀初頭、国内で威信を低下させていたニコライ2世が威信回復のために向かったのが、日本相手の戦争だった。日本相手の勝利は、皇帝の威信を回復させるはずであったが、逆にロシア軍は日本軍に敗れる。1905年、ロシアでは第1次革命が進展し、労働者や市民による自治組織「ソヴィエト（評議会）」が結成される。この1905年の騒乱を、レーニンは「革命のドレス・リハーサル」と呼んでいた。

もうこの時点でロシアの帝政は未来を描《えが》けなくなってしまっていたが、それでもニコライ2世はあがいた。それが第1次世界大戦への参戦となり、ロシアはここでもドイツ軍相手に挫折する。

1917年、威信を失墜《しっつい》させたニコライ2世に待っていたのが、ペトログラード（当時、サンクトペテルブルクから改名）での革命劇である。ソヴィエトの威圧行動の前に、ニコライ2世は退位せざるをえなかった。この二月革命により、ロマノフ王朝は終焉《しゅうえん》を迎えた。

同年、ペトログラードでつづいて起こるのが、ボリシェヴィキ（ロシア社会民主労働党内の左派）のレーニンが主導した十月革命だ。この十月革命によって、革命は急進化し、ロシアは強圧的な一党独裁国家へと変貌をはじめる。

結局のところ、ロシア革命を招いてしまったのは、首都サンクトペテルブルクの地政学的な誘導であるだろう。ロシアの住人がサンクトペテルブルクの存在によって近代化に誘導されるにつれて、西欧からは急進的な革命思想が流入し、ロシア国内でさらに先鋭化、過激化される。それも過激な革命思想ほど、人を酔わせた。

ロシアの宮廷は、サンクトペテルブルクにある限り、革命を止めることはできなかっただろう。レーニン主導の十月革命にしろ、サンクトペテルブルクだから起こった事件であり、モスクワではありえなかったのではないか。

というのも、二月革命の時点でレーニンはスイスに亡命していたからだ。このあと、ドイツがロシアを混乱させるため、レーニンを「封印列車」と呼ばれる秘密の貸し切り列車に乗せて、フィンランドに向かわせる。レーニンはフィンランドからペトログラードに渡るのだが、西欧に対して開かれた都市ペトログラードだからありえた話である。内陸奥深くにあるモスクワまで行かなければならないとしたら、レーニンは安全にたどり着けたかどうか。

しかも、レーニンはペトログラードに帰還ののち、みずからに逆風が吹くと、フィンランドに引っ越し、ここで様子見をしている。ペトログラードが開かれた街だからこそできた芸当であり、モスクワでなら監禁されかねない。ペトログラードは国外からも革命家、活動家を呼び寄せやすい地政学的な地位にあり、ロシア革命を引き寄せていたのだ。

ボリシェヴィキ政権がペトログラードからモスクワに都を移したわけ

ロシア革命の2年目、1918年にロシアは首都をペトログラードからモスクワへと移している。旧都モスクワへの遷都は、ボリシェヴィキ政権存亡の危機からだ。

レーニン主導の十月革命ののち、ロシアのボリシェヴィキ政権が進めようとしたのは、ドイツ相手の単独講和であった。当時、ロシアはイギリス、フランスと共同してドイツと戦ってきたが、レーニンは単独でドイツと和平し、戦争から降りようと考えていた。

ドイツとは1917年12月にはいったん休戦協定を結んだが、講和の条件で争いが起きていた。レーニンは、ドイツ側の要求をおおむね呑んででも講和したかったが、ボリシェヴィキ内で多くの批判があり、1918年初頭に、トロッキーは交渉を打ち切ってしまう。

この瞬間から、ドイツ軍は軍事行動を再開してロシア領の切り取りにかかり、ペトログラードに迫りつつあった。この絶体絶命の危機にあって、ボリシェヴィキはペトログラードを捨て、モスクワへと都を移してしまったのだ。縦深のあるモスクワならば、ドイツ軍の攻勢を吸収しやすいと考えたのだろう。

と同時に、レーニンは講和を主導し、これがブレスト・リトフスクでの講和となる。講和はドイツの主張を全面的に受け入れたもので、ウクライナの独立の承認、巨額の賠償金の請求もあった。

それでも、レーニンはドイツとの講和を選び、ボリシェヴィキの国内における一党独裁体制を固めようとしたのだ。ちなみに、こののちのドイツの敗戦によって、ブレスト・リトフスクの講和の中身は何の効力も持たなくなっている。

ペトログラードからモスクワへの遷都は、どこか場当たり的で、そこに大きな意思はなかったのだが、20世紀ロシアを大きく変貌させる要因になる。と同時に、短期的にはボリシェヴィキの一党独裁体制を固めるものにもなっていた。

というのも、内陸のモスクワは孤立していて、外国勢力の影響を受けにくいからだ。ロシア革命が進展し、ロシアがドイツとの講和へと進む過程で、ドイツと戦ってきたイギリスやフランスはロシアへの干渉を強めていた。イギリス軍はムルマンスクに上陸し、革命政権を威圧しようとしていたし、アメリカや日本も歩調を合わせようとしていた。

仮にペトログラードに都を置きつづけた場合、ペトログラードは外圧にさらされやすく、ボリシェヴィキ政権は崩壊したかもしれない。さらにペトログラード内で、外国勢力が反ボリシェヴィキ勢力に資金面で協力し、ボリシェヴィキ政権をクーデターで突き崩すこともしかねない。

すでに述べたとおり、レーニン主導の十月革命は、西欧に開かれたペトログラードを舞台にしたからこそ成功した面がある。ボリシェヴィキがペトログラードに政権を置きつづけるなら、「新たなるレーニン」が国外から送りこまれ、さらなる混沌《こんとん》がはじまる可能性すらある。ボリシェヴィキ政権は、モスクワに政権を移すことで、こうした危険を未然に封印していたのだ。

以後、ボリシェヴィキ政権は反ボリシェヴィキ勢力相手に凄《せい》惨《さん》な内戦を勝ち抜き、独裁体制を築く。これが、ソ連のはじまりとなる。

モスクワの「縦深」に頼ったレーニンの革命政府

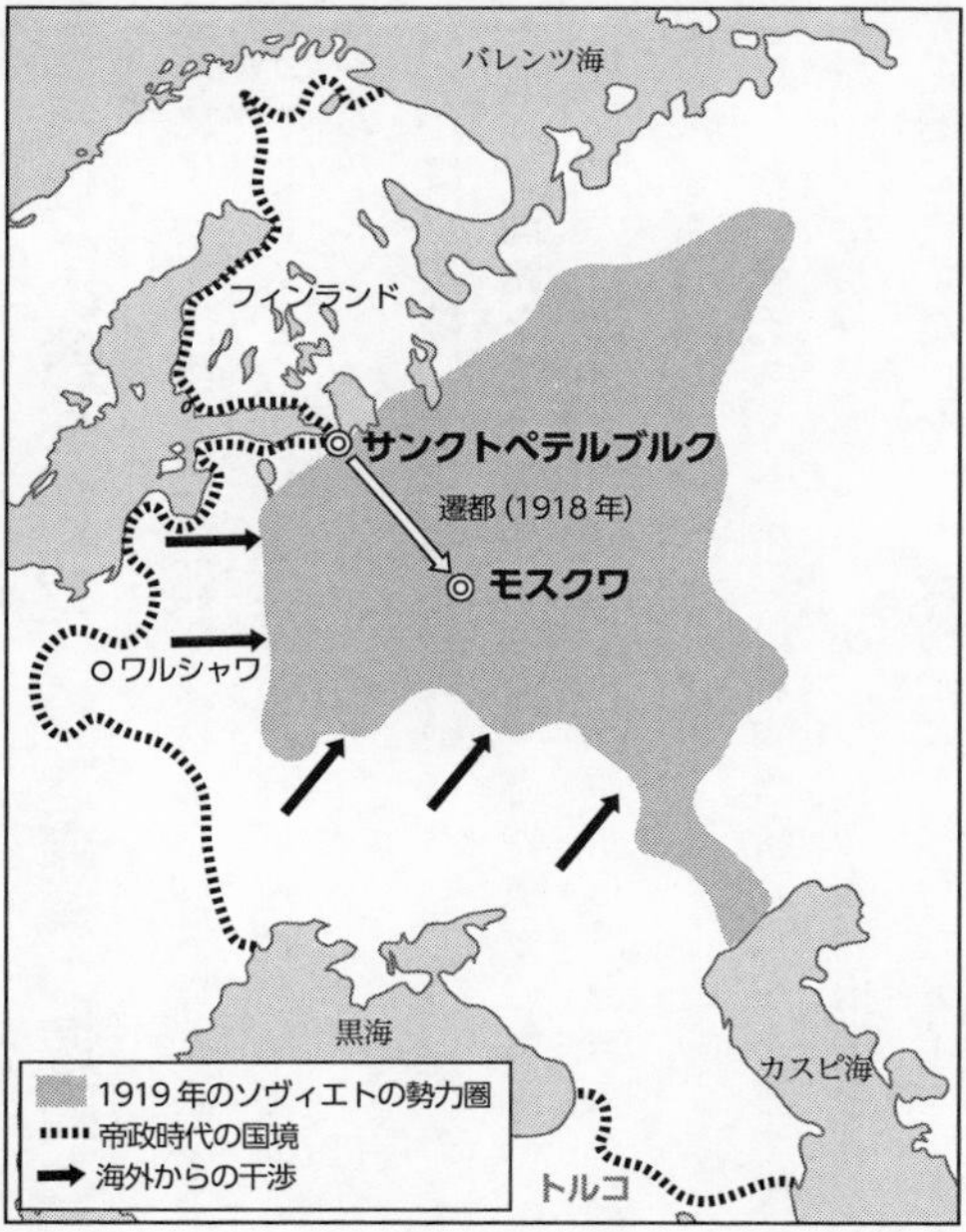

モスクワへの首都移転が、ソ連崩壊の遠因となっていた!

革命によって誕生したソ連が、首都をペトログラードからモスクワに移したことは、その後のソ連に大きな影響を及ぼした。ソ連社会を停滞させ、最後にはソ連を崩壊させてしまったのだ。

たしかにソ連は、第2次世界大戦にあっては、ナチス・ドイツを打ち破った。大戦後、アメリカと世界を二分し、冷戦の一方の主役でもあった。ソ連のロケット技術はアメリカに先行していたこともあったし、ソ連からはショスタコーヴィチ、プロコフィエフらすぐれた音楽家も登場していた。

けれども、ナチス・ドイツに対する勝利にかんしては、アメリカの物的支援なくしてはありえなかったし、そこにあまりに多くの人的損失をともなっていた。

先進的に見えたロケット技術は、占領したドイツから優秀な科学者を奪ってきたがゆえにできた話だ。ショスタコーヴィチ、プロコフィエフらの活躍は、サンクトペテルブルク時代の文化隆盛の遺産という側面も濃い。モスクワを都としたソ連から、新たな何かが生まれたわけではないように思える。

ソ連の経済は帝政時代と変わらず非効率なままであり、西側で進行していたような近代的なイノベーションとは無縁であった。モスクワの政権は、自国の改革者にはなれないままだった。

その原因の多くは、共産主義の不寛容によるものだろうが、首都モスクワの地政学的な呪縛もあるだろう。首都モスクワは、縦深の地政学に住人を誘導する。縦深の地政学の副産物は、住人の異国嫌い、異文化への敵視だ。ソ連は西側を敵視しすぎ、西側のすぐれた技術を理解しようとは思わなくなっていたようだ。

首都サンクトペテルブルク時代、ロシアを動かしていたのは親西欧、近代化の地政学的な誘導である。それが19世紀後半の近代化、革命思想の暴風化、文学や音楽の隆盛をもたらしていたが、ロシアはモスクワに都を戻すことで、近代化の誘導を絶ってしまっていた。代わりに、近代化に逆行しかねない異文化敵視に転換してしまったのだ。

十月革命を主導したレーニンは、ソ連の農業の遅れを痛感していたという。革命後、いかに農業の近代化を図るかについて、レーニンは西側のすぐれた農業技術を採り入れるしかないと考えていたようだ。しかし、首都モスクワの地政学的な誘導の前に、レーニンの考えも採用されることがなかったのだ。

ロシアが「縦深」を求めるほど、周辺国の敵意は深まる

モスクワを首都としたソ連は、1950年代に全盛期を築く。ソ連は第2次世界大戦を勝ち抜いたのち、東欧諸国に対して支配的となっていった。ソ連の圧力もあって、東欧諸国には共産党独裁政権が誕生していく。東欧諸国は、ソ連の衛星国家と化していった。

1955年、ソ連はNATOに対抗して、ワルシャワ条約機構を結成する。ソ連を盟主に、東ドイツやポーランド、ハンガリーなどが加盟した。

このワルシャワ条約機構が機能した時代、ソ連は史上もっとも厚い縦深を獲得していたといっていい。国境線の西にワルシャワ条約機構の加盟国があり、彼らがソ連の楯であった。そのもっとも西に位置していたのは東ドイツであり、西ドイツと対峙《たいじ》していた。

ソ連は衛星国化した東欧諸国を楯とすることで、もっとも安全な時代を手に入れたかと思えたが、1980年代末に一気に東欧の共産党政権は崩壊していく。東欧各国で、共産党政権は見捨てられ、民主化に向かっていったのだ。

1991年にはソ連そのものが解体し、ソ連の一員であったウクライナやバルト三国も独立していった。ワルシャワ条約機構も、雲散霧消《うんさんむしょう》していた。再出発したロシアは、東欧

ソ連崩壊後、「縦深」を失っていったロシア

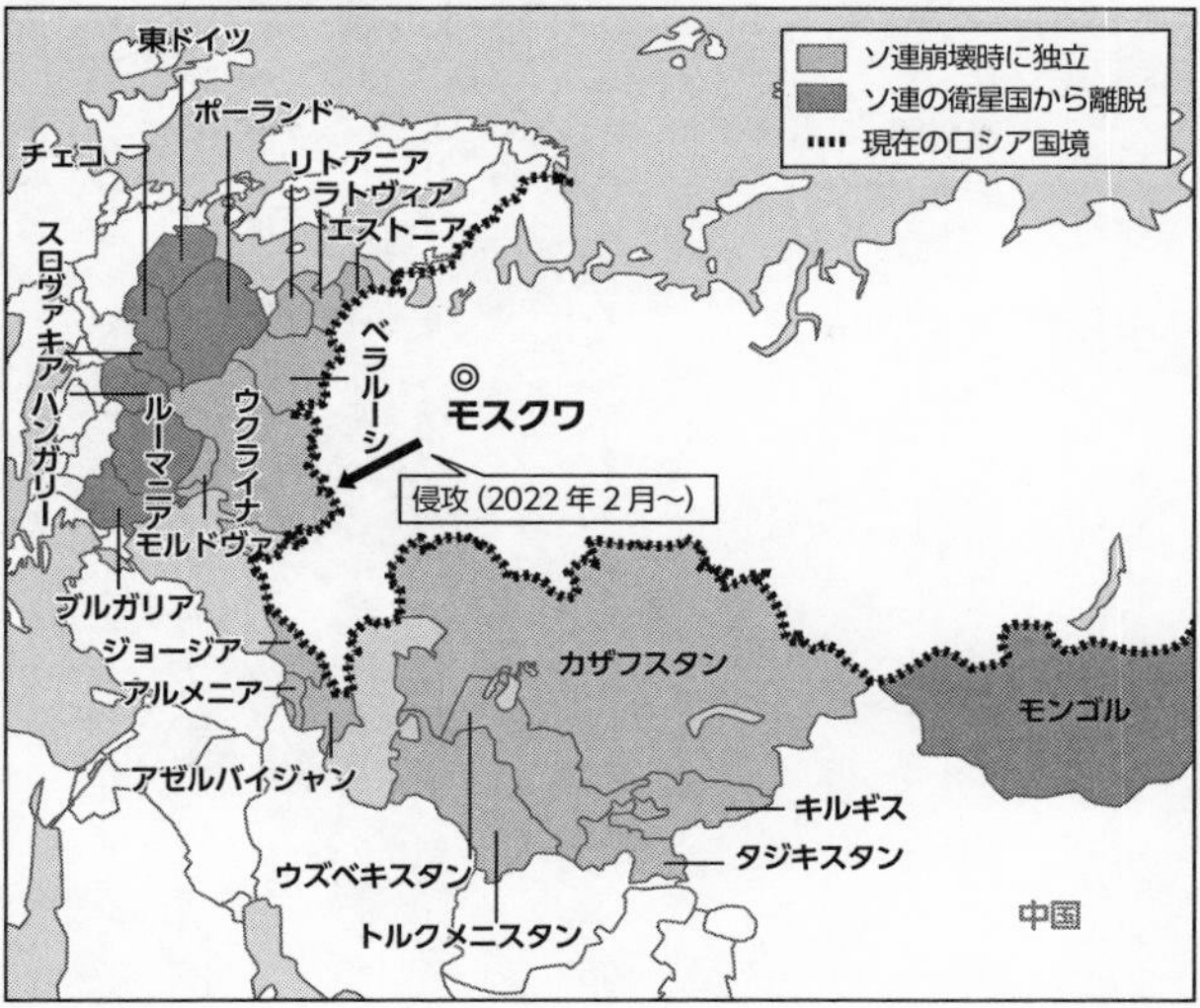

ばかりか、ウクライナやバルト三国を失い、その縦深は一気に薄くなっていたのだ。

その後、1991年から2004年にかけて、東欧諸国は次々とNATO加盟も果たし、ロシアの「敵」に近くなっていく。つい最近では、フィンランドが加盟した。ウクライナやジョージアもNATO加盟に動き、21世紀には、ロシアの縦深はもはや万全とはいえなくなってきている。

ロシアの縦深がこの30年間で一気に浅くなってしまったのは、各国がロシアに反発したからである。モスクワの「縦深」誘導はロシアを膨張させてきたが、それ

は周辺国には災難でしかなかった。

ソ連から非情で冷酷な共産主義、非能率な経済のありようを強要されてきたから、各国は停滞し、住人の自由は失われていた。東欧圏やウクライナなどの住人に残ったのは、ロシアへの失望や敵意でしかなかった。だから、ソ連の力が弱まった瞬間から東欧圏がまずは離れ、ウクライナやバルト三国らもつづいたのだ。

このように、モスクワの持つ「縦深」の地政学的誘導は、けっしてロシアの「縦深」を保障しないという矛盾がある。ロシアが「縦深」を求めるほどに、周辺国や地域はロシアへの反発、敵意を強くし、結果的にロシアの領域を狭めてもいるのだ。

4章

ロンドンに見る
大陸関与の地政学

イギリスがブレグジット後もヨーロッパ大陸に束縛される理由

2020年2月1日、イギリスはEU（欧州連合）を離脱した。これによりイギリスは自由を得たかに思えるが、そうはなりきっていないようだ。その理由は、イギリスには首都「ロンドン」の地政学的な呪縛がつきまとうからだ。

ロンドンは、イギリスの古くからの首都である。イギリス本島（ブリテン島）が南のイングランド、西のウェールズ、北のスコットランドに分かれていた時代から、イングランドの中心地となっていた。イングランドがウェールズやスコットランドを包摂《ほうせつ》し、「連合王国（UK）」を結成してからも、ロンドンは不動の首都として存在している。イギリス内で、ロンドンに取って代わりうるような都市はないといっていいだろう。

ロンドンの位置的な特徴は、イギリスのもっとも南端に位置しているところにある。さすがにドーバー海峡には面していないものの、かなり南にかたよっている。

イギリスの位置的な中心を探すなら、バーミンガムやシェフィールドなどだろう。けれども、バーミンガムやシェフィールドに都を置く話は聞いたことがなく、南の端のロンドンである。なぜ、ロンドンかといえば、テムズ川の水運の便があるからだろう。ロンドンは、外洋に注ぐテムズ川によって、世界とつながっている。

もうひとつ大きな理由を挙げるとすれば、イギリスのなかではもっとも温暖であり、住みやすいからだろう。ヨーロッパでロンドンとおおよそ同じ緯度地帯にあるのは、ドイツのデュッセルドルフやライプツィヒである。そして、ロンドンよりもやや北に位置しているのが、オランダのアムステルダムやドイツのハンブルク、ベルリン、ポーランドのワルシャワなどだ。

イギリスとその周辺国

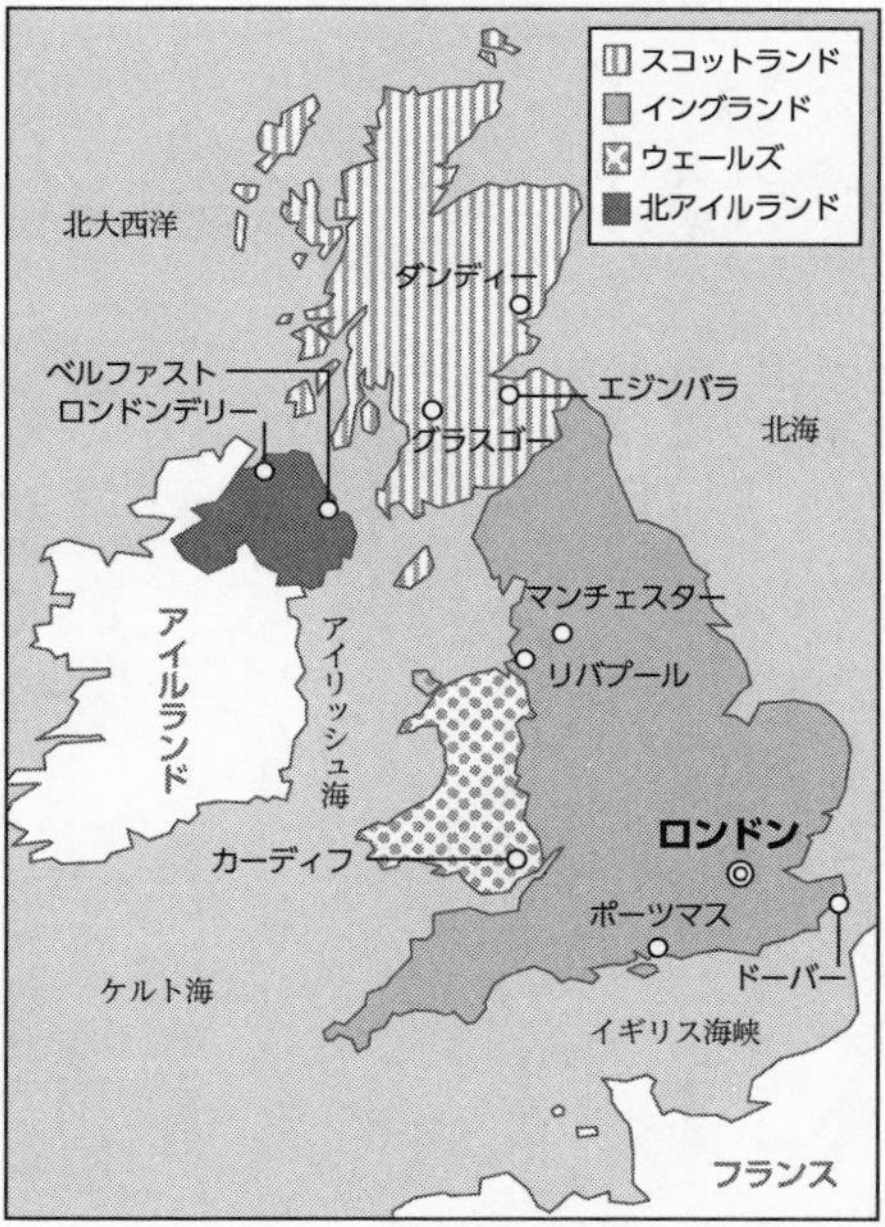

こうして見ると、ロンドンはヨーロッパ最北の「人口100万都市緯度ベルト」に位置していることになる。これよりも北では、ヨーロッパでは100万都市は成立しにくい。

最大の例外は、ロシアのサン

クトペテルブルクくらいだろう。デンマークのコペンハーゲンやスウェーデンのストックホルムも大都市化しつつあるとはいえ、ロンドン、ベルリンクラスの都市にはなれない。そこが、北の限界である。

ロンドンはといえば、ヨーロッパ最北の100万都市緯度地帯にあるから、食糧に恵まれ、人が集まりやすかった。おかげで、ロンドンはイギリス本島随一《ずいいち》の都市になり、首都となっていったのだ。

こうしてロンドンがイギリスの首都化していくと、ロンドンの地政学的な誘導がはじまる。ロンドンの持つ地政学的誘導とは、「大陸関与」の誘導といえるだろう。

イギリス本島の南端に位置するロンドンは、あまりに大陸に近すぎるのだ。フランスのパリやベルギーのブリュッセルのほうが、スコットランドのグラスゴー、エジンバラよりも近い。しかも、大陸とのあいだにあるイギリス海峡は狭く、渡海は容易である。大きな船を使えば、大量の人やモノがロンドンと大陸を往復することになる。

イギリスの首都ロンドンは大陸と深いつながりを持ちやすく、引きこまれやすい。そこからイギリスの住人は無自覚に大陸に誘導され、政治家は大陸に関与したくなる。この大陸関与の誘導によって、イギリス史が紡《つむ》がれてきた側面も強い。

イギリスがブレグジットによってEUを離脱したといっても、ロンドンの大陸関与の誘導が消滅するわけではないのだ。イギリスは、新たなかたちでヨーロッパに関与していくことになるだろう。

フランスの勢力が産み落とした首都ロンドン

イギリスは首都ロンドンの地政学的な誘導によって、大陸に関与したがる。ただ、そこまで行き着くには前史がある。

ロンドンが大陸に関与しはじめるのは、少なくともイングランドという国が完全に成立してからのことだ。それよりも前の時代は、ロンドンもイギリスも大陸の住人の渡来によって形成されている。

ロンドン、さらにはイギリスの歴史は、大陸勢力の襲来の歴史でもある。古代イギリスに定住していたのは、ビーカー人（ビーカ人）といわれる。ビーカー人は、ソールズベリーのストーンヘンジをはじめとする巨石建造物を築いたとされる。ビーカー人は大陸から渡来したようだが、大陸から到達したケルト人によって、姿を消してしまった。

ケルト人のイギリス本島土着化ののち、古代ローマ帝国がこの地の征服に乗り出す。ローマがイギリス本島から撤退していく時代、大陸からは新たにアングロ＝サクソン人が襲来する。北欧からは、ノルマン人（ヴァイキング）の一派であるデーン人たちも襲来してきた。こうした大陸からの民族の襲来、定住によって、ロンドンとイギリスの歴史はつくられていった。

古代に、ロンドンを育てたのは、古代ローマ帝国である。古代ローマ人は、イギリス本島のことを「ブリタニア」と呼んだ。これがイギリスの現在の正式な国名（大ブリテンおよび北アイルランド連合王国）やイギリス本島（ブリテン島）の名にもなるのだが、歴代ローマ皇帝たちはブリタニアの征服を狙った。先鞭《せんべん》をつけたのはカエサルであり、第4代皇帝クラウディウスもまた軍団を引き連れ、ブリタニアに上陸、ブリタニアのおよそ半分を支配した。

ブリタニアはローマの属州となり、属州の中心地となったのが、ロンディニウム（ロンドン）であった。ローマ帝国は、ロンディニウムを中心に4本の幹線道路を建設し、ロンドン中心の統治システムをつくりあげた。イングランドに登場したのちの王朝は、このローマ帝国が生んだ統治システムに乗っかっているようなものだ。

イギリスとロンドンの歴史に本格的な幕を開けたのは、イングランドで1066年に成立したノルマン王朝である。その始祖ウィリアム1世の血統は、現代のウィンザー朝にまで継承されているから、ノルマン朝がいまのイギリスのはじまりといっていい。

ウィリアム1世が戴冠《たいかん》したのは、ロンドンのウエストミンスター寺院である。同時期にはロンドン塔建設もはじめており、ウィリアム1世のノルマン朝によって、ロンドンはイングランドの首都然としてきたといってもいいだろう。

　ウィリアム1世もまた、大陸からやってきた勢力の子孫であった。彼の祖先はスカンディナヴィア半島にあったノルマン人のロロである。ロロは大陸を荒らし、パリのフランス王を追い詰めたのち、懐柔《かいじゅう》され、セーヌ川下流地域に住み着くようになる。ノルマン人の住む土地になったため、この地は「ノルマンディー」といわれるようになった。ロロの子孫はフランス王からノルマンディー公の座を与えられ、フランス化していく。

フランスの一部を領地としたノルマン朝

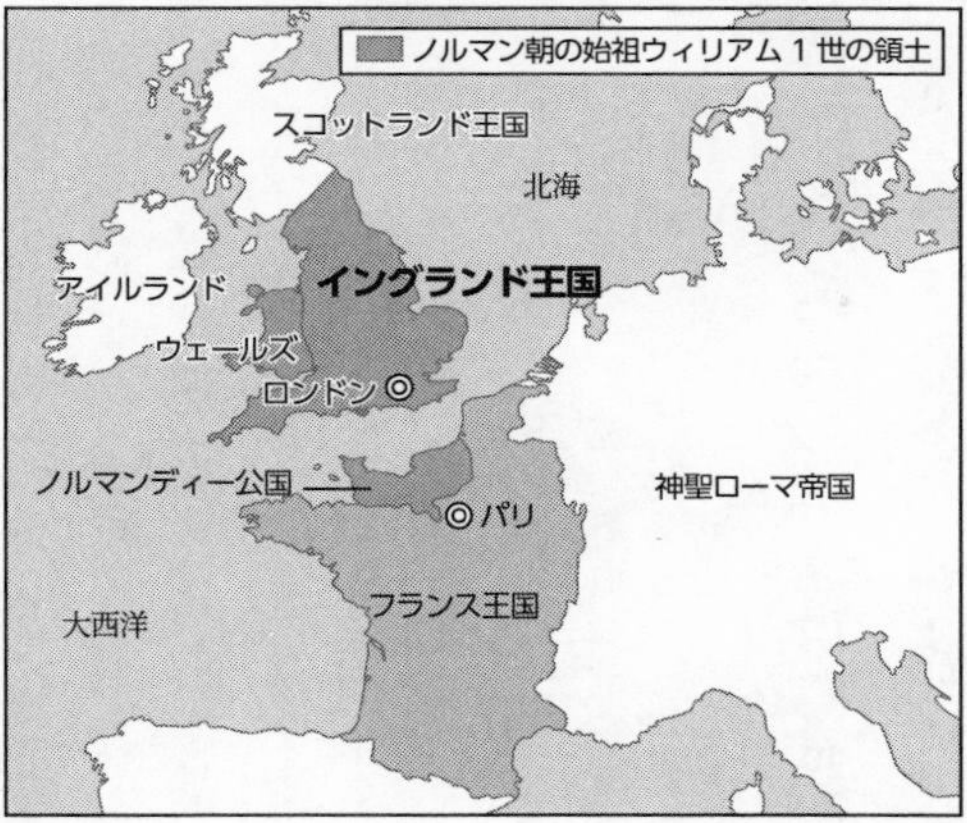

1066年、ノルマンディー公ギョーム2世の狙いはイングランドの征服であった。かりそめにもイングランド王であったエドワードが没したのち、王の遠縁ということを理由に、ギョーム2世はイングランドを欲した。

イングランドに上陸したギョーム2世は、前王エドワードの義弟であったハロルドの軍をヘースティングスの戦いで破る。ハロルドは戦死し、ギョーム2世がウィリアム1世としてイングランド王になったのだ。この事件は、イギリスでは「ノルマン・コンクェスト」と呼ばれ、イギリス史の本格的な開幕を告げていた。

こうして、現在に連《つら》なるロンドンとイギリスは、フランスにあった勢力により産み落とされたといっていい。

歴代のイングランド王はなぜ、フランスの領地を欲したのか?

ノルマンディー公ギョーム2世によるイングランド征服、つまり「ノルマン・コンクェスト」は、イギリスでは、ひとつの分水嶺《ぶんすいれい》をなす画期的事件であった。ノルマン・コンクェストに至るまで、イギリス本島は大陸勢力の草刈り場のような状態だったからだ。

イギリス本島内で地域覇者となったのは、ほとんどが大陸から渡来した勢力であった。

ケルト人しかり、古代ローマ帝国しかり、アングロ＝サクソン人しかり、デーン人しかりである。

けれども、ノルマン・コンクェストは、大陸勢力によるイングランド征服の最後となった。これよりのち、イングランド、イギリスは大陸勢力から征服されることはなく、もちろん首都ロンドンにも、大陸勢力による政権が打ち立てられることはなかった。フランスの皇帝ナポレオンも、ドイツのヒトラーも、イギリス征服はかなわず、ノルマン・コンクェスト後のイギリスは、簡単に征服できる国ではなく、難攻不落の国になったかのようだ。

それればかりか、イギリスは大陸に対して攻勢を仕かけるようになる。ノルマン朝の成立以来、歴代イングランド王は、フランスに領土を持つこともあり、つねにフランスの土地に関心を示していた。

それは、「ノルマン・コンクェスト」の副産物でもある。ノルマン・コンクェストによってイングランド王になったウィリアム1世は、もともとはフランス内でノルマンディー公の地位にあったから、当然、フランスのノルマンディーにも領地を有していた。

ウィリアム1世ののちも、歴代イングランド王にはフランス系の妻方の相続によって、フランスの領地を手にする者が現れる。典型が、ノルマン朝に継ぐプランタジネット朝の始祖ヘンリー2世である。彼はフランスのアキテーヌ公女アリエノール（エレノア）と結婚したことから、ノルマンディーはもとよりフランスの南西部までを獲得、フランス国内にあってはフランス王を上回る領地を得ていた。

イングランド王がフランスに領有していた土地は、やがてフランス王に奪い取られていく。イングランド王に残されたのは大陸ではボルドーくらいになるが、それでもイングランド王がフランスに領地を持っていた記憶は残りつづけていた。それが、14世紀から15世紀にかけての英仏百年戦争になる。

百年戦争は、イングランド王エドワード3世がフランス王の座を主張してはじまった。エドワード3世やヘンリー5世らイングランド王たちはフランスに深く攻めこみ、一時はフランス国内にかなりの勢力圏を得ていた。最後にはフランス王の逆襲で、フランスから撤退することになったとはいえ、ノルマン・コンクェスト以降の歴代イングランド王は、大陸に対して攻勢的であった。

そこには、ロンドンの持つ地政学的誘導が働いたからでもあるだろう。ロンドンはイギリスの住人の目をつねに大陸に向けさせるから、イングランド王たちはフランスの領地を欲してしまったのだ。

さらにいうなら、イングランド王がフランスに領地を持ってしまったことで、ロンドンがもうひとつの地政学的誘導を持つようになったともいえる。典型がフランス南西部に大きな領土を得たプランタジネット朝の始祖ヘンリー2世の時代で、「アンジュー帝国」とも称された彼の領地の地図を見ると、ロンドンは「帝国」の中心にもなる。

そこから先、イングランド王たちには、ロンドンは領地の南の端ではなく、領地の中心であるという地政学的な誘導がはじまった。この誘導が、イングランド王のフランスへの領土欲をかきたて、英仏百年戦争を呼び起こしたともいえるのではないだろうか。

大陸に近いために多発したロンドンの政権転覆事件

イングランドの首都ロンドンは、イングランドの住人を大陸に関与する方向に誘導する。ロンドンの実力者たちが大陸に関心を持つほどに、イングランドの歴史は大陸勢力を巻きこんだものになっている。イングランドには、住人が大陸勢力の力を得て、ロンドンで政変を起こしてきた歴史があるのだ。

ロンドンの特質は、大陸にあまりにも近いところにある。近いとはいえ、大陸には別の国があるから、イングランドの官憲の追及は及びにくい。そのため、ロンドンの宮廷で権力闘争に敗れた者にとって、大陸は絶好の亡命先にもなれば、反撃の起点にもなるのだ。

つまり、ロンドンで政争に敗れた者でも、大陸に撤退し、大陸で様子をうかがいつづけるなら、ロンドンでの政権奪回も可能なのだ。いつの時代にも、パリにはロンドンでの政争に敗れた貴族たちの姿があった。彼らはロンドンでの政権奪取を狙っていた。そして、彼らの目論見《もくろみ》はしばしば成功していたのだ。

たとえば、14世紀前半に起きた、プランタジネット朝の国王エドワード2世廃位事件である。事件の首謀者は、エドワード2世の妃《きさき》であったイザベルである。

イザベルが、国王エドワード2世の寵愛《ちょうあい》を受けるディスペンサー父子と対立し、その対立が抜き差しならないものになったときだ。イザベルは、みずからがフランス国王シャルル4世の姉であるという地位を利用する。

彼女は故国フランスに渡り、弟であるフランス国王シャルル4世の支援を得た。イザベルは、夫である国王エドワード2世の性的素行にも不満があったようだ。

フランスで大きな力を得たイザベルがイングランドに上陸すると、大きな支援が集まる。彼女はこの支援をバックに、夫である国王エドワード2世を捕縛《ほばく》、廃位させている。

代わって即位したのは、彼女の子エドワード3世である。ロンドンの権力は、大陸側からの策謀によって簡単に覆《くつがえ》ることを示した事件だ。

つづいては15世紀末、ヨーク朝の末期、つまりは薔薇《ばら》戦争末期だ。ヨーク朝の王位を簒《さん》奪《だつ》したリチャード3世の挑戦者となっていたのが、リッチモンド伯ヘンリ・チューダーである。ウェールズ生まれのヘンリ・チューダーは長いこと大陸での亡命生活を余儀《よぎ》なくされていたが、大陸での活動によって声望《せいぼう》を蓄え、イギリス本島に上陸する。

ヘンリ・チューダーのもとにはウェールズの勢力も集まり、ボズワースの戦いでリチャード3世を敗死させる。ヘンリ・チューダーはヘンリ7世として戴冠、チューダー朝が開幕する。

こののち、スチュアート朝時代の17世紀末にもまた、大陸勢力が介在したロンドンの政権転覆事件が起こっている。それが1688年、日本でいうところの名誉革命だ。

1685年にジェームズ2世が即位したとき、イングランド国内では反ジェームズ2世意識が強まっていった。その理由は、彼がカトリックだったからだ。イングランドでは16世紀の国教会成立以来、プロテスタントに近い国教会派が強く、カトリックに対して排撃的だった。そこに、カトリック王としてのジェームズ2世即位は、国教会派にはゆるせるものではなかった。

イングランドの議会も反ジェームズ2世を策動し、その廃位の切り札として白羽の矢を立てたのが、オランダ総督のウィレム3世である。ウィレム3世はジェームズ2世の娘メアリと結婚していて、彼女はプロテスタントであった。議会は、ウィレム3世の軍事支援のもと、彼の妻メアリを新国王に即位させようとしていた。

これにより、オランダ総督ウィレム3世は精鋭のオランダ軍を率いて、イングランドに上陸する。ジェームズ2世は、あっさりとフランスへ亡命してしまった。

またもロンドンでは大陸の勢力により、政権が覆ったのだ。ただ、そこから先、議会は想定外の事態も体験しなければならなかった。ほかならぬウィレム3世が、イングランド国王の座を要求してきたからだ。たしかに彼もイングランド王家の血統をひいているとはいえ、王位の継承順位は低い。にもかかわらず、ウィレム3世はイングランド国王になろうとしたから、議会と対立した。

憤慨《ふんがい》したウィレム3世が故国に戻ろうとしたとき、議会も妥協する。ウィレム3世というロンドンのガードマンが去ってしまうと、フランスに亡命した元国王ジェームズ2世の逆襲もありうる。ウィレム3世をガードマンとしてロンドンに残すため、彼に女王メアリの共同統治者となる国王ウィリアム3世としての即位を認めたのだ。

このように、大陸側から策動するなら、首都ロンドンで政変を起こすことができた。あるいは、大陸の勢力をロンドンに呼びこみ、ロンドンの政権を転覆させることも可能だった。ロンドンは、その地政学的誘導によって、イングランドの実力者たちを大陸と深くかかわらせてきたのである。

このロンドンが仕向けるイングランドの大陸への傾斜は、ブリテン島内の軽視にもつながっていたようだ。ブリテン島における統一が遅かったのも、そのためだろう。イングランドがウェールズを実質的に併合するのは13世紀のことだが、スコットランドとの合同はずっと遅れる。

イングランドがスコットランドと同じスチュアート朝の王を推戴《すいたい》する同君連合を組むのは、17世紀初頭のことである。イングランドとスコットランドの議会合同となると、1707年まで待たなければならなかった。大陸ばかり見ているロンドンの権力者たちには、ブリテン島の統一に目が行きにくかったからだ。

ただ、スコットランドはつねにロンドンの宿敵であるパリの政権とつながり、ロンドンを牽制《けんせい》しようとしてきた。そのフランス＝スコットランド連合を嫌って、ロンドンの政権はスコットランドとの合同に時間をかけて動いていったのだ。

ロンドン政権の大陸への姿勢は、どう変化していった?

イングランドという国は、首都ロンドンが大陸に近いという一点によって、大陸志向の地政学的な誘導をつねに受けている。ただ、そこから先、ロンドンの政権の大陸に対する姿勢は時代によって異なる。

11世紀の「ノルマン・コンクェスト」から15世紀までが、大陸への攻勢の時代だったといえるかもしれない。イングランド王は、つねにフランスの土地を欲しがっていた。とくにフランスのボルドーは、イングランド王に臣従《しんじゅう》してきたのだが、16世紀くらいからは大陸に対しては攻勢ではなく、牽制の時代へと変わってくる。

15世紀、フランスとの百年戦争が終わったとき、イングランド王はフランスから叩き出されていた。ボルドーさえも失う結果になっていた。

それでも、チューダー朝の野心的な王ヘンリー8世は、フランスの領地に色気を持ちつづけていたようだ。彼は機会があれば大陸に介入し、大陸に領地を持ちたがったが、結局、果たせなかった。16世紀を迎え、大陸には強大な勢力が生まれはじめていたからだ。

ローマ帝国の崩壊から15世紀まで、ヨーロッパ内に強大な勢力はなかったといっていい。ドイツは神聖ローマ帝国を自称しながらも、つねに分裂していた。イベリア半島では、キリスト教徒とムスリムの戦いがつづいていた。フランスはといえば、フランス王が国内に強い求心力を持てず、イングランド王に領地をかたっぱしから侵略されていた。

けれども、15世紀後半から、ヨーロッパ世界では強固な国が登場してくる。百年戦争を勝ち抜いたフランスでは、国王が求心力を高め、国境線を固めた。その勢いに任せて、15世紀末からイタリア半島へ侵攻をくり返していった。

イベリア半島では、キリスト教徒がムスリムを追い出し、統一スペイン王国を誕生させていた。スペイン王家と神聖ローマ帝国を束ねたハプスブルク家は婚姻《こんいん》によって結びつき、ハプスブルク家の帝国を築く。帝国は、ドイツ、スペイン、ブルゴーニュ、イタリア半島の一部にまで広がり、かつてない大国がヨーロッパに誕生していた。

大陸における大国の登場は、ロンドンの宮廷に路線変更を余儀なくさせたようだ。ロンドンの宮廷はつねに地政学的な誘導によって、大陸に関心が向かう。大陸に強い勢力がない時代の関心は領土欲になっていたが、大陸に強大な国が登場すると、もはや領土の簒奪は夢想でしかない。

それよりも、大陸の勢力に自国を攻められないことに関心が向かい出す。ロンドンは、つねに征服されていた「ノルマン・コンクェスト」以前にまで戻ることを拒否したのだ。

その征服拒否から生まれた戦略が、大陸にヨーロッパを制覇するほどの強大な国を登場させないよう、牽制することだ。それは、ロンドンの地政学的な決意といっていい。ロンドンはつねに大陸を監視し、大陸の中小国と連携して、大陸の大国に当たる。大国の領域拡大を阻止しつづけるなら、大国がブリテン島に侵攻する余裕もないだろう。ロンドンは、20世紀までこの戦略を通してきた。

強大な帝国の誕生を防いだ、ロンドンの地政学的決意とは

大陸に強大国を誕生させないというロンドンの地政学的な決意は、19世紀までは成功してきたといっていい。イギリスを守るため、ロンドンの政権はつねに大陸に介入し、強大な帝国の誕生を防ぎつづけてきた。

そのはじまりは、ハプスブルク家のスペインとの対決であるだろう。16世紀後半、ハプスブルク家はウィーンとマドリッドに分裂していたとはいえ、スペイン（マドリッド）のハプスブルク家は強大であった。スペインは新世界に領地を拡大し、さらにはイタリア半島にも勢力圏を築いてきた。スペインはイタリア半島をめぐってフランスと争いつづけて

きたから、フランスとスペインが対立している限り、スペインの強大化はある程度は阻止することができた。

ただ、フランスがスペインと和したとなると、スペインを大陸内で止める国はない。そのため、イングランドはスペイン相手に海のゲリラ作戦を展開している。要は、海賊行為だ。それも、国家が認めた海賊船、いわゆる「私掠船《しりやくせん》（プライヴェーティア）」を大西洋に横行させていた。イングランド政府公認の海賊たちは、カリブ海から新世界の富をスペイン本国へと運ぶ船を襲っては、その富を奪い取っていった。イングランドは私掠船によって、スペインの経済をぐらつかせ、自国に富を蓄えていた。

この海賊行為は、危険な火遊びでもあった。海賊行為に怒ったスペイン国王フェリペ2世が、当時ヨーロッパで最強といわれた「無敵艦隊（アルマダ）」を動かし、イングランド制圧作戦を発動させたからだ。イングランドにとっては危機的事態であったが、スペイン無敵艦隊は暴風雨にさらされ、壊滅している。

こののち、17世紀後半からヨーロッパで野心的な動きを隠さなくなったのが、ルイ14世のフランスである。当時、フランスはヨーロッパ最強の陸軍力を誇り、コルベールの重商主義によって経済力も卓越《たくえつ》していた。ルイ14世は、オランダやスペイン領ネーデルラントを狙って、しばしば戦争を仕かけた。さらには、孫のフェリペ5世をスペイン王に即位させ、フランス＝スペインの同君連合国家を生み出そうと策略をめぐらせてきた。

イギリスは、このルイ14世の野望をすべて打ち砕いてきている。イギリスはヨーロッパのフランス以外の国と同盟関係を結び、ルイ14世のフランスを封じこんできた。

18世紀末、フランスでナポレオンが台頭したときも同じである。イギリスの初動は、早かった。イタリア戦線で勇名を馳せたナポレオンがエジプトまで遠征するや、イギリスはネルソン提督率いる艦隊を追走させ、アブキールの海戦でフランス海軍を壊滅させている。イギリスはナポレオンをいったんはエジプトに孤立させるとともに、オーストリア、ロシアを引きこみ、対仏大同盟を結成している。

その後も、ナポレオンが強大化を試みるたびに、イギリスはたびたび対仏大同盟を結成し、ナポレオンに対抗してきた。ヨーロッパ大陸に対しては海軍による海上封鎖を試み、ナポレオンの足を引っ張ろうとしてきた。ナポレオンの軍がスペインに侵攻したときは、イギリスもまたスペインに軍を送りこんでいる。

結局、ナポレオンはロシア遠征の失敗から破滅の道をたどるのだが、破滅に至る道でつねにイギリスが存在感を示していた。大陸に強大国をつくらせないというイギリスの地政学的決意は、ナポレオン戦争時には大成功していたといえる。

「大陸を牽制しつづける」イギリスの決意が揺らいだ20世紀

大陸に大国を誕生させないというイギリスの地政学的決意は、19世紀までは成功を収めていた。ヨーロッパでの大国の登場を封じてきたそのあいだ、イギリスは世界各地に植民地を築き、空前の繁栄を遂げてきた。

けれども、20世紀になると、大陸に大国をつくらせないというイギリスの地政学的決意は揺らぐ。ふたつの世界大戦を通じて、イギリスは大陸に介入して煮え湯を飲ませられたあげく、貧乏になってしまったからだ。

第1次世界大戦にかんしては、イギリスにとっては本来は無用の戦争であったはずだ。この大戦の原因は、バルカン半島での揉めごとにある。イギリスは直接、バルカン半島にはかかわりを持っていなかったから、参戦する必要はなかった。

たしかにイギリスは、ドイツとオーストリアに対抗して、フランス、ロシアと協商関係を結んでいた。とはいえ、協商は攻守同盟のような拘束性を持たない。イギリスは戦争に参加せず、戦争の調停役になる選択もあった。ならば、「大戦」には至らず、ヨーロッパの平和は維持できたかもしれなかった。突出《とっしゅつ》した大国も生まれにくかったはずだ。

にもかかわらず、イギリスが大陸での戦争に参戦したのは、ロンドンの持つ大陸への地政学的誘導が働きすぎたからだろう。16世紀から19世紀にかけてイギリスはロンドンの地政学的誘導に乗るばかりか、みずからが強い決意で大陸にかかわろうとしてきた。イギリスのこの戦略は成功し、ヨーロッパ内にあった大国は長続きしなかった。

おそらくは、その成功体験が強すぎたのだろう。成功体験は、ロンドンの地政学的決意を強化し、イギリスは他の選択肢がないように思いこみはじめていたのかもしれない。

その過剰な決意が、ドイツへの警戒となった。たしかに、ドイツはイギリスの世界支配の挑戦者になろうとしていた。けれども、19世紀の対独戦争に敗れたフランスがつねにドイツを敵視している限り、ドイツのヨーロッパにおける超大国化はありえなかっただろう。イギリスが手出しする必要があったかどうか。

こうして第1次世界大戦に参加した結果、イギリスは泣きを見る。いかに戦勝国になったとはいえ、戦争はイギリスの若者の命を奪いつづけたのみならず、国力を消耗させた。イギリスは豊かな債権国から債務国へと転落し、戦後にはかつての栄光の面影《おもかげ》はなかった。

第1次世界大戦の悲惨な記憶もあって、第2次世界大戦前夜にあっては、イギリスの大陸に対する地政学的決意はぐらついている。ヒトラー率いるドイツの強大化を前に、イギリスのチェンバレン首相は、当初、ドイツ封じこめではなく、宥和《ゆうわ》政策にも出ていた。しかし、その宥和政策はヒトラーを増長させ、さらなる侵略に駆《か》り立てていた。ドイツはチェコスロヴァキアを解体したのみならず、ポーランドにも狙いをつけていた。

結局、イギリスはポーランド防衛を理由に、ドイツ相手に宣戦布告するが、積極的に戦ってきたわけではなかった。ヒトラーのドイツを単独では倒せないとあきらめ、アメリカとソ連の参戦をアテにするほかなかった。

第2次世界大戦をもってして、16世紀以来のイギリスの大陸に対する地政学的決意は破《は》綻《たん》していたといっていい。

イギリスのEU加盟と離脱の背後にあるものとは

ふたつの世界大戦を経たのち、イギリスは凋落《ちょうらく》を見る。世界各地にあった多くの植民地を放棄させられ、自国内では社会の停滞にあえいでいた。そうした時代でも、首都ロンドンの大陸への地政学的誘導は働きつづける。それが、イギリスのEU加盟となる。

EUの前身はEC（ヨーロッパ共同体）であり、そのまた前身はEEC（ヨーロッパ経済共同体）である。イギリスは１９６０年代からＥＥＣへの加盟を申請、１９７０年代にようやくＥＣ加盟を果たしている。

イギリスがＥＣに加盟したのは、ひとつには経済的な理由からだろう。戦後、イギリスが不景気に苦しむ一方、ＥＣの中心であるドイツ、フランスは経済繁栄を遂げていた。そこでイギリスはＥＣを梃子《てこ》に経済復興を考えていたようだ。

イギリスがＥＣ加盟を志向したのは、大陸に大国をつくらせない地政学的決意を放棄したからでもあるだろう。ドイツやフランスがＥＣによってまとまるなら、西ヨーロッパは一体化する。それは、ヨーロッパに単独の巨大勢力が生まれたのに等しく、イギリスにとっては脅威といってもいい。19世紀までのイギリスなら、大陸に大国をつくらせないという地政学的な決意によって、ＥＣの結束を邪魔しただろう。

これに反して、20世紀後半のイギリスは邪魔立てはせず、むしろ仲間になろうとしたのだ。窮乏《きゆうぼう》したイギリスは、大陸に取りこまれることで、安心感を得ようとしたといってもいい。だが、21世紀になると、イギリスはＥＵからの離脱に動きつづけた。理由はさまざまだが、ひとつにはＥＵ内での居心地《いごこち》がよいものではなかったからだろう。

ＥＵの二大巨頭といえば、ドイツとフランスである。ＥＵそのものがドイツとフランスの協調によって成り立っているのだから、イギリスの地位はどう足搔《あが》いてもナンバースリーである。イギリスの首相の発言力は大きくなく、また、その発言はドイツ、フランスから反発を食いやすい。

その一方、ＥＵはその厳格なルールによって、イギリスという国を縛ろうとする。それはイギリスが大陸に従属させられるようなものだから、イギリスはおもしろくない。

こうした理由から、イギリスはＥＵ離脱に動き、これを達成したのだが、イギリスがこれでヨーロッパから自由になれるわけではない。首都ロンドンが持つ大陸への地政学的な誘導が消滅することはないからだ。

スコットランドはなぜ、ロンドンにとっての「火薬庫」なのか？

ＥＵを離脱したイギリスが、今後、直面しつづけると思われるのが、スコットランド問題だ。イギリスがＥＵ離脱に動いた時代、スコットランドでは連合王国からの独立が取り沙汰《ざた》された。現在のところ、スコットランドは連合王国内にとどまっているが、いつまた独立熱が高揚《こうよう》しないとも限らない。

とくにイギリスがＥＵを離脱している状況は、スコットランドにはチャンスである。スコットランドがイギリスから独立して、ＥＵに加盟する選択肢もあるからだ。ロンドンの保護よりも、ＥＵの都ブリュッセルの政策が手厚いと判断すれば、スコットランドは脱連合王国、ＥＵ加盟へと動くだろう。

スコットランドが連合王国離脱に動くのは、連合王国の一員となった歴史が、まだ浅いところにもあるのだが、ロンドンへの不信も大きな要因だろう。ロンドンの地政学的誘導は、イギリスの住人の目を大陸に向けさせてきたところにある。首都ロンドンもつねに南の大陸を見ていたから、北には強烈な関心がない。

そのため、歴代の王たちの多くはスコットランドをどうするかに冷淡であった。スコットランドをいったんは屈伏させたエドワード1世を除けば、ほとんどの王が、スコットランドを本格的に征服しようとは思ってこなかったのだ。

そのロンドンの冷淡さは、現代でも変わらない。スコットランド沖に海底油田が発見されたとき、油田の利権を握ったのはロンドンの政府であった。ロンドンには、油田からもたらされる恵みをスコットランドにも分け与えようという意識がなかったわけで、ロンドンの北への冷たさを物語っている。ロンドンの北への冷たさは、つねにスコットランドに独立熱をくすぶらせることにもなっているのだ。

5章

デリーに見る北西監視の地政学

なぜ〝宿敵〟との国境に近いデリーを首都としている？

インドの首都デリーは、いまやインド随一《ずいいち》の巨大都市に成長している。デリーは、歴史ある都市でもある。しかしながら、19世紀後半、イギリスがインドを完全植民地化した時代、インドにおけるデリーの地位は高いとはいえなかった。

1872年の調査によると、デリーの人口は15万人程度である。もっとも人口が多いのはコルカタ（カルカッタ）のおよそ80万人弱、つづいてはムンバイ（ボンペイ）の60万人余り。デリーの人口はインドでは8番目であり、廃《すた》れ気味だったといっていい。

けれども、20世紀になると、デリーは発展する。近代デリーの発展のはじまりは、1911年、イギリス領インドの首都ニューデリーの建設からはじまる。当時、インドはイギリスの植民地支配下にあった。ニューデリーは旧都デリーの南に建設され、発展を遂げ、インドの独立以降にはデリーと一体化し、首都デリーとなったのだ。

いまやデリーは、人口の面でもコルカタやムンバイを上回っている。インドの首都となったことで、現代のデリーは大きく飛躍したのである。

インドはデリーを都に置いていることで、ひとつの地政学的な誘導を受けている。首都デリーの地政学的誘導とは、「北西方面への強い敵視と監視」である。

じつのところ、首都デリーはインドの北西にかたよった位置にある。インドの北西に位置するパキスタンとの国境線からは、400キロ程度の距離でしかない。しかもデリーとパキスタンのあいだに自然国境は存在しない。デリーは一見、パキスタンからの侵攻にまったく無防備な位置に映る。

インドとその周辺国

ご存じのように、インドとパキスタンの仲は悪い。両国は独立までは同じイギリスのインド植民地だったのだが、独立に動いたとき、宗教の違いから仲違《なかたが》いしてしまった。

インドではヒンドゥー教色が強く、パキスタンはムスリム国家として存在している。両国は独立後、3次にわたるインド・パキスタン戦争（印パ戦争）を戦い、第3次戦争によってバングラデシュが誕生している。

インドの首都デリーは、そんなインドの宿敵パキスタンとの国境線近くに位置し、縦深《じゅうしん》がない。宿敵パキスタン相手に縦深を確保しようとするなら、デカン高原のハイデラバードに首都を持ってきてもおかしくない。にもかかわらず、インドはパキスタンに近いデリーを首都としつづけている。ここに、インドの首都の不思議さがある。

じつのところ、デリーはイギリス統治下にあっては、ほとんど地政学的な意味を持たなかったように思える。けれども、イギリスからインドが独立し、同時にパキスタンが誕生したときだ。パキスタンに直面することとなったデリーは、いきなり地政学的に大きな意味を持ち、インドの住人を地政学的に誘導することさえしはじめたのだ。

デリーの地政学的な誘導は、「北西方面への強い敵視と監視」と先に述べたが、それはインドの北西に宿敵パキスタンがあるという理由からのみではない。歴史上、インドの北西地域は、つねにインド亜大陸への最大の侵攻ルートであった。インドの北西はインドのもっとも弱い部分であり、デリーは北西からやってきた侵入者たちにとって、北インド征服のシンボルにもなってきた。

デリーにはそんな歴史があり、デリーが陥落すれば、北インドは侵略者に支配される。

ゆえに、デリーは北西からの脅威に対する最大最強の砦《とりで》にならなければならず、その地理的な性格上、北西の監視者になる必要があった。
デリーがインドの首都となったことで、インドの住人はおのずと北西に警戒意識を持ち、監視する目を持つようになったのだ。

インドに「首都」が存在しなかった地政学的事情とは

ここから先の話は、インドの首都デリーがいかに対パキスタン、さらにはアフガニスタン、中央アジアに対して地政学的に大きな意味を持っているかである。そこには歴史的な経緯もあるが、まずおさらいしておきたいのは、もともとインド亜大陸に首都など長く存在してこなかったということだ。

たしかに、インドの歴史は古い。日本よりもずっと古く、インダス川やガンジス川流域には巨大な古代文明も誕生した。インドは早熟な先進地帯だったのだが、じつのところ19世紀まで統一されたことがない。

歴史の教科書を開いてみると、紀元前4世紀後半から紀元前2世紀前半にかけて、マウリヤ朝が登場している。マウリヤ朝は、インダス川流域とガンジス川流域の双方をはじめて領有した王朝であるが、インドの南部・デカン高原までは征服できなかった。

あるいは、紀元前1世紀後半からクシャーナ朝が北西インドを征服、あるいは4世紀から6世紀にかけてガンジス川流域にグプタ朝が栄えたという話もある。ただ、クシャーナ朝もグプタ朝も地方政権の域を出ないところがあり、デカン高原にはサータヴァーハナ朝やチョーラ朝が興亡している。

インドに長いあいだ統一王朝が生まれることがなく、インド各地に王朝が生まれては消滅していったのは、インドの地勢によるものだろう。デカン高原を中心に南部は山がちである一方、北部には無数の河川がある。インドは山脈、山地、河川などで分断され、それぞれの地域が孤立し、独自の文化を持ちやすい。

それは地域ごとの排他性にもつながるうえ、征服者を寄せつけにくい。征服者にしろ、インドの一つひとつの地域を従わせることに多大な労力を感じていたから、インドを統一しようなどとは思わなかったのだ。

地方ごとに独立地帯が乱立しているといっていいインドにあって、政治的に求心力がある地は生まれにくい。バラナシ（ベナレス）のような宗教聖地はあっても、全インドを結びつけるような政治的な求心地、すなわち首都は見つけにくいのだ。

デリーの首都化はムスリム勢力の北インド侵攻からはじまった

インドでは長いこと、政治的な中心のない時代がつづいたが、これが変わるのは10世紀ごろからだ。少なくとも北インドにあっては、デリーが首都化をはじめるのだ。

デリーを北インドの中心地へと変貌させていったのは、地元のインドの住人ではない。北西からの侵入者たちである。そのほとんどはイスラム勢力たちであり、イスラム勢力のたび重なる侵攻と建国によって、デリーは北インドでその地位を大きく上昇させていったのだ。

7世紀にアラビア半島でムハンマドによって説かれたイスラム教は、イスラム帝国を成立させた。イスラム帝国の拡大とともに、イスラム教は急速にアラブ世界や北アフリカで広まっていった。その勢いは東方へも拡大し、8世紀はじめにはインド周辺にも到達していたが、インダス川西岸まででとどまっていた。その後、イスラム教やムスリム戦士たちが北インドに流入することはしばらくなかった。

インドの北方には険しい山脈があり、自然国境をなしてきた。大インド（パキスタンを含む）とアフガニスタンのあいだにも、カイバル峠をはじめとした険しい山岳地帯が広がる。これもまた、強力な自然国境である。ムスリムたちも、この険しい自然国境を越えることはなかなかできなかったが、10世紀後半以降、この自然国境が易々《やすやす》と破られはじめたのだ。

10世紀末、アフガニスタンに登場したのは、トルコ系とされるガズナ朝である。ガズナを根拠地とするガズナ朝は、中央アジアでの勢力争いには劣勢であり、やむなく北インドに目をつけた。彼らが自然国境を越え、北インドに侵攻したとき、インドは宝の山に見えたようだ。

しかも、宝の山の守りは脆弱《ぜいじゃく》だった。当時、北インドにはラージプート諸王国が乱立し、勢力争いをくり広げていたが、中央アジアの戦いの主役であるムスリム騎兵の前には、無力だった。ガズナ朝のムスリム戦士たちは、豊かな北インドで略奪をくり返し、これにつづいたのが、同じアフガニスタンで勃興《ぼっこう》したイラン系ゴール朝のムスリムたちだ。

こうしてアフガニスタン方面から北インドへの侵攻がたびたびくり返されると、もはやインドの北西部に自然国境はなくなったも同然である。アフガニスタンからインドへの略奪ルートが完成してからのち、つづいて起きたのはムスリム戦士たちによる北インドでの王国建国だ。

まずは、ゴール朝の武将であったアイバクが、13世紀はじめに、いわゆる「奴隷王朝」を建国する。アイバクが奴隷出身の戦士・武将であったところからこの名がついたのだが、当時は奴隷身分から成り上がったムスリム戦士たちが多かった。アイバク以来の奴隷王朝を継承していったのも、ムスリムの奴隷武将たちである。彼らは「スルタン（君主）」として即位した。

ゴール朝とガズナ朝のインド侵攻

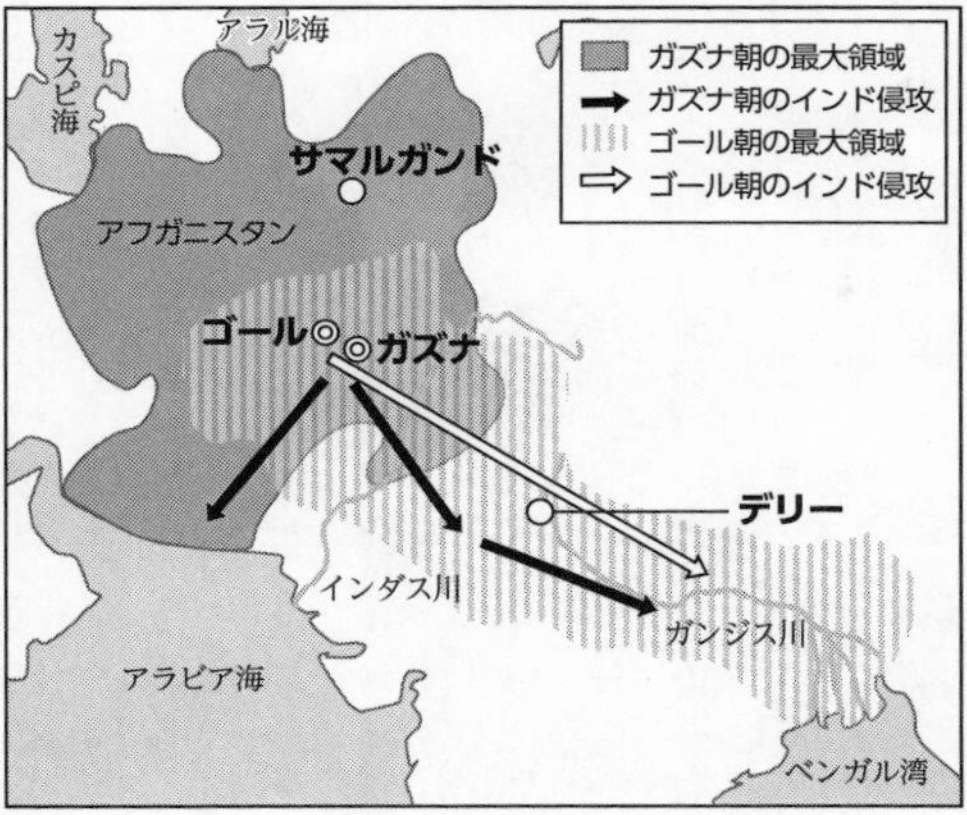

このアイバクにはじまる奴隷王朝が都としたのが、デリーであった。このとき、デリーははじめて北インドの中心となった。

デリーは北インドを東西に流れるヤムナ（ジャムナ）川の流域にある。ヤムナ川はアラーハーバード（プラヤーガ）でガンジス（ガンガー）川と結びつくから、デリーは水運の便に恵まれている。インドの北西、アフガニスタン方面からやってきた支配者たちが、インドの東、ガンジス川流域までを統《す》べるのにちょうどいい場所にあったのだ。

以後、デリーには、およそ300年のあいだに、ハルジー朝、トゥグルク朝、サイイド朝、ロディー朝というムスリム王朝が交代していく。これは、「デリー・サルタナット（デリーのスルタン支配の体制）」と呼ばれる。この「デリー・サルタナット」時代に、デリーは北インドの中心となっていったのだ。

もちろん、デリーは順風満帆であったわけではない。アフガニスタン方面から北インドへの侵略者が、その後も次々と現れたからだ。13世紀には、チンギス・ハンを始祖とするモンゴル帝国も北インドの富に目をつけ、侵入してきた。

デリー王朝はモンゴル軍の侵攻をなんとか食い止めたものの、14世紀、チンギス・ハンの子孫であるティムールが襲来すると、デリーは陥落する。ティムールによって、いったんデリーの街は破壊されている。ティムールの狙いは、デリーに都を構えることではなく、デリーの富を奪い尽くすことであった。

「デリー・サルタナット」からムガル帝国までの時代、デリーの地政学的な誘導といえば、北西、つまりアフガニスタン方面からの侵略者の吸引であっただろう。デリーはアフガニスタンや中央アジアにある野心家には、魅力的な富のある地であり、彼らをつねに引き寄せていたのだ。

インド最大の版図を誇ったムガル帝国の都もデリーに

10世紀にはじまったイスラム勢力のインド侵攻の総仕上げともいえるのが、16世紀のムガル帝国だ。デリーの持つ北西方面からの野心家たちの吸引誘導の仕上げでもある。ムガル帝国の創始者バーブルは、デリーを破壊したティムールの第5代の子孫に当たるという。バーブルは中央アジアでの覇権を狙っていたが、中央アジアでは劣勢にあり、アフガニスタンに逃れ、ここを根拠地とする。

バーブルが中央アジアでの勢力拡大をあきらめたとき、視野に入ったのが北インドであった。彼も、デリーの地政学的誘導に引き寄せられたといっていい。

バーブルはアフガニスタンから北インドへ侵攻し、ロディー朝を蹴散《けち》らして、デリーに入城する。ここに、ムガル帝国がはじまった。

「ムガル」というのは、「モンゴル」の訛《なま》りである。インドでは、中央アジア方面からの侵略者を「ムガル」と呼んでいた。モンゴル帝国もティムールも「ムガル」であり、新たなムガルであるバーブルによる帝国が「ムガル帝国」となったのだ。

ムガル帝国は、古代以来、インドで最大の版図《はんと》を誇る帝国となった。北インドを基盤にデカン高原へと南下していき、インドの統一までは果たせなかったが、一時は強大な勢力であった。

ムガル帝国の有名無実化とともに輝きを失ったデリー

強大を誇ったムガル帝国にあって、18世紀半ばころから、都であるデリーは求心力を失っていく。というのも、ムガル帝国の全盛期を築いたアウラングゼーブが18世紀初頭に没したのち、ムガル帝国が解体へと向かいはじめたからだ。

もともと、インドは山や河川に分断され、一体にはなりにくい。アウラングゼーブの強権がインドをまとめようとしていたが、彼が没したのち、インドはまたも地方の実力者たちが盤踞《ばんきょ》する時代に後戻りしたのだ。

しかも、ムガル帝国の時代にあっても、アフガニスタン方面からの侵略はつづいていた。18世紀半ば、イランでナーディル・シャーがサファヴィー朝を打ち倒し、アフシャール朝を建国したときだ。彼もデリーの地政学的な誘導に引き寄せられて、北インドまで侵攻、デリーを陥落させている。ナーディル・シャーもまたデリーで略奪をくり返し、破壊していった。このあとも、アフガニスタン方面からの侵攻、略奪があったから、ムガル帝国の有名無実化とともに、デリーもその地位を低落させていた。

19世紀後半、没落傾向にあったデリーに、一時的に注目が集まる。1857年、インドで「大反乱」が起こったとき、デリーは反乱の中心地になったからだ。

「インド大反乱」は、シパーヒー（セポイ）といわれる傭兵《ようへい》の反乱からはじまる。彼らは、イギリスのインドにおける植民地支配の尖兵《せんぺい》・東インド会社に雇われていたインド人傭兵だ。彼らは東インド会社における待遇に不満をくすぶらせており、ある日、大爆発してしまった。

まず反乱をはじめたのは、デリーの北東に位置するメラートの街にあったシパーヒーたちだ。彼らは蜂起《ほうき》するや、デリーを目指し、デリーを占拠してしまった。デリーには、ムガル帝国の皇帝がいたからだ。

この時点で、すでにムガル帝国は完全に有名無実化し、ムガル帝国皇帝は年金暮らしであった。イギリスの東インド会社も、ムガル帝国皇帝のいるデリーに何の価値も見いだせず、デリーにはさしたる軍も駐留させていなかった。けれども、インドの住人はムガル帝国皇帝とデリーに、いったんは反イギリスのシンボルを見たのである。

インド大反乱はインド各地に広がり、イギリス政府を慌てさせたが、結局、イギリスによって平定されている。この結果、有名無実化していたムガル帝国は完全に滅亡し、１８７７年にはイギリスのヴィクトリア女王がインド皇帝として即位、インドはイギリスの支配するインド帝国となった。

イギリスのインド支配の根拠地は、コルカタである。デリーはといえば、ムガル帝国の滅亡もあって、インドでは特別感のない都市になっていた。そのデリーが、20世紀になると、息を吹き返すのだ。

ニューデリーが「場当たり的」にインド帝国の首都となったわけ

20世紀を迎えたとき、インドはイギリスの植民地であり、「インド帝国」を名乗っていた。そのインドの政治の中心地といえば、デリーでなく、ベンガル湾に面したコルカタだった。デリーはといえば、沈滞した都市であった。

コルカタは、イギリスがインドを植民地化していく過程で、イギリスのインド統治の中心になっていた。イギリスから派遣されたベンガル総督は、19世紀にはインド総督に格上げされていた。

20世紀を迎えたとき、インドの首都はコルカタといってよかったのだが、1911年に停滞していたデリーに移転する。それは必然ではなく、イギリスの場当たり的な対応によってである。

当時、イギリスのインド統治で大問題になっていたのが、「ベンガル分割問題」である。首都コルカタのあるベンガルは、インド最大の州であり、当時のベンガル州には現在のバングラデシュ、インドの西ベンガルが含まれていた。イギリスは、1905年にベンガル分割法を施行し、ベンガル州をふたつに分割しようとした。これが大反発を食ったのだ。

イギリスがベンガル分割に動いたのは、表向きには行政効率を上げるためだったが、一方で、ベンガルでの反イギリス気運の高まりを恐れてのことだった。イギリスはインド統治の基盤をコルカタに置いていたため、ベンガルの住人の政治意識はコルカタを中心に高まっていた。高まった政治意識はイギリスのインド支配にも向けられ、イギリスは、ベンガルがひとつにまとまって抗《あらが》ってくるのを恐れたのだ。

イギリスのインド統治の要諦《ようてい》は、「分割統治」にある。インドの諸地域を分断し、結束させないことが、植民地支配を安定させる。この「分割統治」をベンガルにも当てはめたのだが、これはベンガルで反発を買った。もともとベンガルには文化的な一体感があったにもかかわらず、イギリスがヒンドゥー教多数地帯とムスリム地帯に分けて、宗教的な分断を狙ったと解釈したからだ。

ベンガルでのイギリスへの抗議は、イギリス通貨排斥《はいせき》、自治獲得などが綱領となり、イギリスを慌てさせた。結局、1911年にイギリスはベンガル分割法を撤回する。と同時に、首都をデリーに移したのだ。

イギリスがデリーを首都としたのは、ともかくコルカタから離れたかったからだろう。ベンガルの中枢であるコルカタは、反イギリス運動の中心にもなっていて、統治側からすれば居心地《いごこち》のよいものではなかったのだ。

では、なぜ、デリーだったかといえば、ひとつには、かつてムガル帝国の都だったからだろう。イギリスはムガル帝国に敬意を表することで、インドの住人を懐柔《かいじゅう》しようとしたと思われる。

また、デリーは東西に長い大インド（いまのパキスタン、バングラデシュを含む）の真ん中近くに位置する。南北にかんしては北にかたよっているとはいえ、デリーは大インドの位置的な中心に当たる。

そこから、イギリスはデリー（ニューデリー）を大インドの首都としたのだ。ただ、この時代のデリーには、地政学的な地位や意味はさほどない。

デリーを「対パキスタン」の要地とした政府の思惑とは

第2次世界大戦ののち、イギリスはインド統治をあきらめ、インドは独立に向かった。このとき、ムスリムの多いパキスタンは、インドから分裂して独立していく。インドはデリーに首都を置きつづけ、パキスタンはイスラマバードを都とした。

このパキスタンとの決裂の瞬間から、首都デリーはインドにおいて特別な地位を持つようになる。パキスタンが分離する以前、首都デリーは大インドの中心にあった。けれども、パキスタンが別個に独立したのちのインドでは、デリーは西に傾いた位置にある首都となった。

それも、宿敵となっていくパキスタンとの国境線からデリーまでの距離は400キロもない。デリーの防衛の縦深は浅いうえに、デリーの西側には平地が広がるだけだから、デリーはパキスタンに対して無防備も同然である。

1947年の独立以後、インドとパキスタンは対立を深め、カシミールの帰属をめぐっては、1947年、1965年と2度、戦争をくり返している。そんな敵国といってもいいパキスタンとの国境近くにインドの首都があることは、剣呑《けんのん》である。

すでに述べたように、デリーはずっとアフガニスタン方面からの北インド侵略のルート上にあった。中世以来、デリーを支配してきたのは、アフガニスタン方面から襲来してきたムスリムたちの王朝であった。デリーは、地政学的にインドの北西からの侵入を誘導することさえあった。

その歴史的事実を踏まえると、デリーはアフガニスタンに隣接するパキスタンに対して、劣位《れつい》にある。パキスタンからの侵攻があるなら、デリーの陥落は免《まぬか》れない。

それでも、インドの権力者たちは、デリーに首都を置きつづけているのだ。そこには複数の理由があるだろう。まず、いかにパキスタンが敵対国であっても、全面戦争にはなりそうにないことがある。パキスタンとの問題は、おもにカシミールの帰属であり、辺境での土地争いだ（1971年の第3次戦争はバングラデシュ独立支援の意味合いが濃い）。

しかも、仮にパキスタンと全面戦争のような展開になったとしても、パキスタンはデリーを占領しようとまではしないだろう。というのも、現在のインドではヒンドゥー教徒が全体の8割と圧倒的だからだ。ムスリム国家であるパキスタンは、ヒンドゥー国家ともいえるインドを統治したいとまでは思っていないだろう。ゆえに、パキスタンがデリーにまで侵攻する可能性はかなり低いといえる。

さらにいうなら、インド政府がパキスタン国境に近いデリーに首都を置いているのは、インド国内をまとめあげていくためだろう。もともと、インドは分裂した地であり、統一国家は19世紀まで存在しなかった。

現在は統一国家になっているとはいえ、地方には分権意識も強い。そんな分裂にいつはしってもおかしくないインドをまとめていくには、共通の敵に対する緊張が必要である。その共通の敵が、ムスリム国家として分離したパキスタンであるわけだ。

首都をデリーに置きつづけるなら、インドの住人は否《いや》でも応でも、首都のすぐ北西にあるパキスタンを意識しないわけにはいかない。そのパキスタンに対する緊張感がインドの住人を結束させ、首都デリーの求心力を高めている。こうして、首都デリーは、対パキスタンを通してのインドの結束という「裏の顔」を帯びるようになっていったのだ。

インドが宿敵パキスタンを〝楯〟にしたい地政学的な事情とは

インドは首都をデリーに置くことで、国内の住人にパキスタンを意識させている。住人のパキスタンに対する敵視が、国内をまとめあげているともいえるだろう。

インドは「強いパキスタン」を望んではいないのだが、その一方で、パキスタンがあまりに弱体化することも望んでいない。さらにいえば、インドはパキスタンに一定の安定さえも望んでいる。というのも、インドはパキスタンを北西方面の「楯《たて》」としておきたいからだ。

すでに述べたように、インドの最大の弱点は北西方面であった。パキスタンを含めた大インド時代、アフガニスタン方面からの侵入者の前に、北インドは脆《もろ》かった。デリーは、アフガニスタンや中央アジアの野心家を北インドへと誘導する位置にあった。ゆえにインドは北西方面を強く警戒し、北西に位置するパキスタンとは敵対してもいる。

けれども、インドが真に恐れるのは、パキスタンではないだろう。パキスタンの北西にあるアフガニスタン、中央アジアのほうがずっと恐ろしい。10世紀以来、北インドに侵入し、デリーを襲ったのは、たいていアフガニスタンにあった勢力や中央アジアを席巻《せっけん》した勢力だ。

現代にあっては、中央アジアはさほど脅威ではないが、中央アジアをロシアや中国が制するなら、インドにとって北西は強い脅威になる。そのとき、インドはパキスタンが楯となってくれることをひそかに期待しているのだ。

中央アジアはさておき、インドがいま一番に恐れているのは、パキスタンが「失敗国家」として融解《ゆうかい》し、アフガニスタンのイスラム原理主義勢力が浸透してくる事態だろう。

パキスタンの北部は、アフガニスタンで劣勢となったイスラム原理主義勢力のよい逃げこみ場となりがちだ。国家の体をなしていないアフガン情勢が激動するにしたがって、パキスタン北部はテロリストの巣窟《そうくつ》になりやすい。

インドが恐れるアフガニスタンのテロ勢力

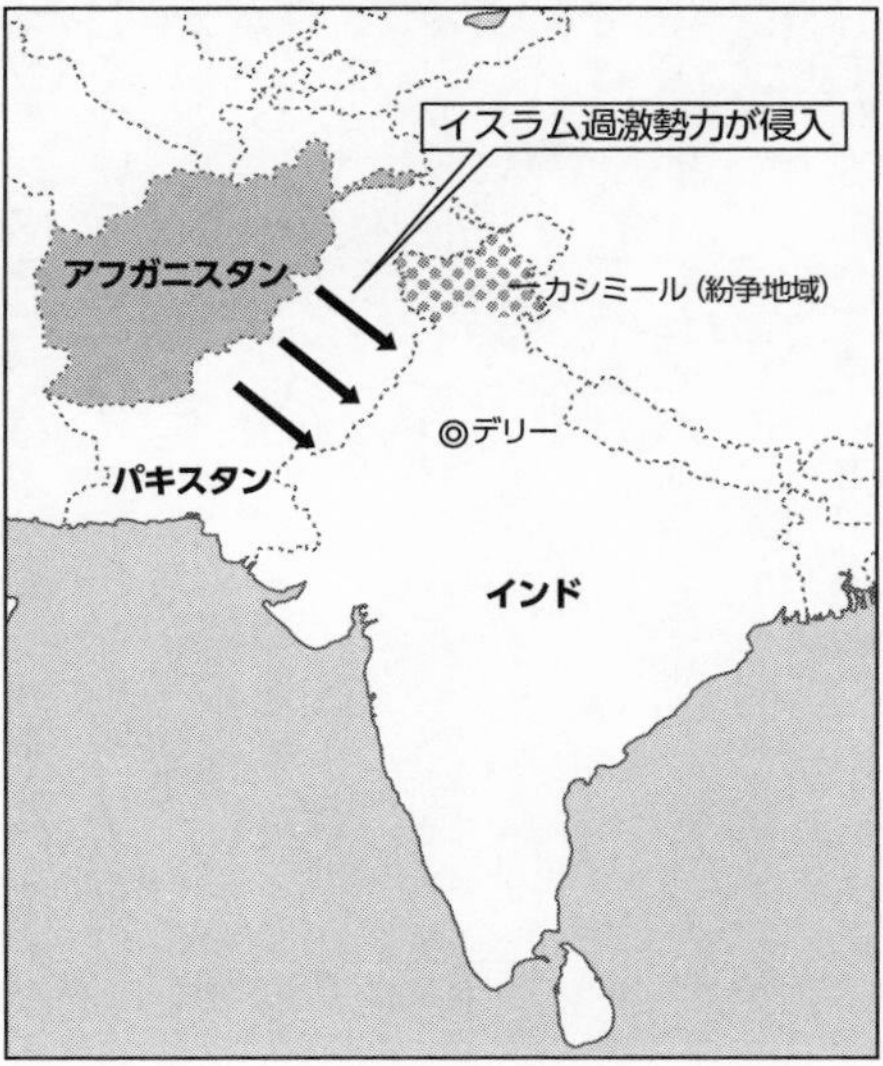

彼らはパキスタン領内の親アメリカ勢力に反感を持ち、テロにはしりやすい。パキスタンでは、イスラム原理主義のテロが頻発《ひんぱつ》し、政府も手を焼いている。しかも、テロ組織の攻撃はパキスタン国内にとどまらない。彼らは、ともするとインド国内をもターゲットにしているのだ。

このように、パキスタン、さらには

アフガニスタンの政権が不安定になるほど、パキスタン国内にはアフガンのテロ勢力が浸透しやすい。それはインドに刃《やいば》を向けるものでもあれば、パキスタンという国家を融解させかねない。パキスタンがアフガニスタンの勢力によって融解させられるなら、インドの楯は失われる。このとき、首都デリーはアフガニスタンの無法な勢力の攻撃にさらされやすくなる。

インド政府は、このパキスタンの融解を恐れ、パキスタンに一定の安定を望んでいる。ゆえに、パキスタンに近いデリーを首都にして、パキスタン情勢に備えているともいえるのではないだろうか。

もうひとつ、インドの持つパキスタンの動向に対する警戒には、中国が絡んでくる。中国にとって、パキスタンはインド包囲のパーツでもあり、中国はパキスタンに積極的に接近している。そこから先、中国がパキスタンに対して支配的になれば、インドの北西に位置するパキスタンはインドへの匕首《あいくち》にもなる。ただ、パキスタンは混沌《こんとん》の地でもあり、中国の思いどおりになる政府が登場するかは、予測不能だ。

6章
イスタンブールに見る帝国再興の地政学

現代トルコが「帝国の都」イスタンブールを首都としなかった理由

トルコというと、すぐに「世界都市」イスタンブールを思い浮かべる人は少なくないだろう。けれども現在、イスタンブールはトルコを代表する都市であっても、首都ではない。トルコの首都は、アンカラに置かれている。

アンカラは、アナトリア半島の中央近くに位置する内陸都市である。アンカラは交通の要路にあり、古くからの都市であるが、20世紀になるまで重視されてきたわけではない。けれども、現在のトルコが新生国家として出発した1923年、アンカラを首都に選び、現在に至っている。

イスタンブールとアンカラをくらべたとき、都市としての格は明らかに違う。イスタンブール（旧名・コンスタンティノープル）は長いあいだ「帝国の都」であり、いまも世界都市として輝きつづけている。市域の人口は1500万人をゆうに超え、いかにアンカラの人口が500万人超へと増大しているとはいえ、イスタンブールはアンカラをはるかに超越している。

にもかかわらず、トルコがアンカラを首都としているのは、過去と訣別《けつべつ》し、新たなトル

トルコとその周辺国

コを目指すためだった。新たなトルコとは、汚辱《おじょく》にまみれたオスマン帝国と訣別した国である。だからこそ、オスマン帝国の都であったイスタンブールという選択はなかった。

現代のトルコのルーツをたどれば、同じアナトリアにあったオスマン帝国である。イスラム教を奉じるオスマン帝国はイスタンブールを都とし、16世紀に全盛期を築いた。アナトリア、バルカン半島、北アフリカ、アラビア半島の一部にまで及ぶ巨大な版図《はんと》を持ち、ヨーロッパ勢力を圧していた。

だが、オスマン帝国は18世紀半ばあたりから緩《ゆる》やかに衰退していき、領土を失っていく。新興のロシアとの戦争ではたびたび敗れ、バルカン半島での戦いでも連敗しつづけていた。イスタンブール周辺を除けば、バルカン半島から叩き出された状態であり、残された領土はアナトリアくらいであった。20世紀初頭、オスマン帝国にかつての栄光はなく、近代化に完全な後《おく》れを取り、帝国には腐臭《ふしゅう》さえも漂っていた。

苦境にのたうつオスマン帝国は、ドイツ側に与《くみ》して第1次世界大戦にも参戦したが、敗戦国となる。1918年にはイギリス、フランス、イタリア、アメリカの連合軍がアナトリア南部を占領、翌1919年にはギリシャ軍がイズミルを占領した。イスタンブールの政治家たちは、戦勝国の圧力に屈し、さらなる領土の割譲《かつじょう》を認めようとしていた。

この危機に、軍の司令官だったムスタファ・ケマル（ケマル・アタチュルク）が動く。彼は自立心を失ったイスタンブールに愛想を尽かし、1920年、アンカラに大国民議会を招集する。以後、ケマルは祖国解放のための戦いをはじめる。彼は欧米の支援を受けたイスタンブールの政府軍と戦い、さらにはギリシャ軍を破り、イズミルの奪回に成功する。

一連の祖国解放戦争の過程で、オスマン帝国の頂点にあったスルタン・メフメト6世はイスタンブールを捨てて、亡命。1923年には、アンカラを首都とした「トルコ共和国」が成立する。これが、いまのトルコだ。

現代トルコがその成立と生き残りのために戦ってきたのは、近代化に後れを取ってきたイスタンブールの政府であった。新生トルコが新生トルコたるためには、オスマン帝国的なものと訣別する必要があり、それが「帝国の都」イスタンブールの放棄であった。

つまり、アンカラを都とする現代トルコは、イスタンブールの地政学的な呪縛《じゅばく》から解放されたと同時に、首都アンカラの地政学的な誘導下に入ろうとしたのだ。

首都アンカラを中心に据えた「大トルコ」構想とは

アンカラを首都とする現代トルコが目指すのは、近代国家である。ゆえに、厳格なイスラム国家ではなく、世俗的なイスラム国家である。イスラム暦であるヒジュラ暦を廃止し、西欧型の西暦を採用し、イスラム世界では当然とされてきた女性のヴェール着用を禁止したこともある。さらには、伝統のアラビア文字からローマ字表記にも切り換えている。

新生トルコは、西側に接近し、NATO（北大西洋条約機構）にも加盟してきた。長くNATOのなかでもっとも東に位置し、ソ連に対する防壁でもあった。

現代トルコは、首都をイスタンブールではなくアンカラに置くことで、この世俗化を進めてきたといっていい。イスラム教の都でもあったイスタンブールには、伝統的な縛りも多いが、アンカラにはそれが希薄《きはく》なのだ。

けれども、現代トルコはしだいに首都アンカラの地政学的な誘導に流されつつもある。それは、トルコ民族主義の高揚であり、その先には「大トルコ」構想までもある。

もともと新生トルコには、民族主義があった。オスマン帝国は巨大な版図を持ったゆえに、多民族の融和を目指していたが、アナトリアしか残されていない新生トルコが求心力としたのは民族主義であった。19世紀半ば以降、世界的に国民国家の創出が叫ばれるなか、トルコはトルコ民族主義を下敷きに成立していったところがある。

首都アンカラが誘導しているのは、トルコの民族主義でもある。アンカラはアナトリアのほぼ中心近くに位置し、いまやアナトリア内陸の象徴ともなりつつある。このアナトリアに中世のころから根づいていたのがトルコ系民族であるという過去を知るほどに、アナトリアはトルコ系民族のひとつの故地《こち》のように思われてくる。

これは「アナトリア・ナショナリズム」とも呼ばれ、トルコの民族主義のひとつの現れだ。トルコの住人が首都アンカラを意識するにしたがって、アナトリア・ナショナリズムは高まっていく。

首都アンカラの地政学的な誘導は、民族研究の深まりと絡まりもしている。トルコ民族、いわゆるチュルク系とは何者なのか、じつのところ規定する物差しはさほどない。とはいいながらも、トルコ（チュルク）系民族の歴史は解き明かされはじめている。

トルコ系民族のひとつのルーツは、モンゴル高原にあった突厥《とっけつ》とされる。彼らはやがてユーラシア大陸の西方に移動をはじめ、ユーラシア各地に国家を形成していく。イスタンブールを都としたオスマン帝国もそのひとつである。

現在、アゼルバイジャンにはアゼルバイジャン人、トルクメニスタンにはトルクメン人、ウズベキスタンにはウズベク人、カザフスタンにはカザフ人、キルギスにはキルギス人、中国の新疆《しんきょう》（東トルキスタン）にはウイグル人が居住している。彼らもまた、トルコ系の民族なのである。彼らはそれぞれトルコ語に近い言葉を話しているから、意思の疎通も可能だという。

つまり、西はアナトリアからアゼルバイジャン、中央アジアを経て、東は中国の新疆（東トルキスタン）に至るまでが、トルコ民族の居住域になっている。アナトリアから新疆までは、トルコ民族地帯が連《つら》なっているといっていい。

そのトルコ系民族の世界地図に絡み合いながら生まれるのが、首都アンカラの地政学的誘導である。アンカラは東のモンゴル高原に発したトルコ民族が西進の果てにたどり着いた地である。その意味で、トルコ民族にとっての聖地のようなものだ。トルコではその意

トルコ語圏の国々

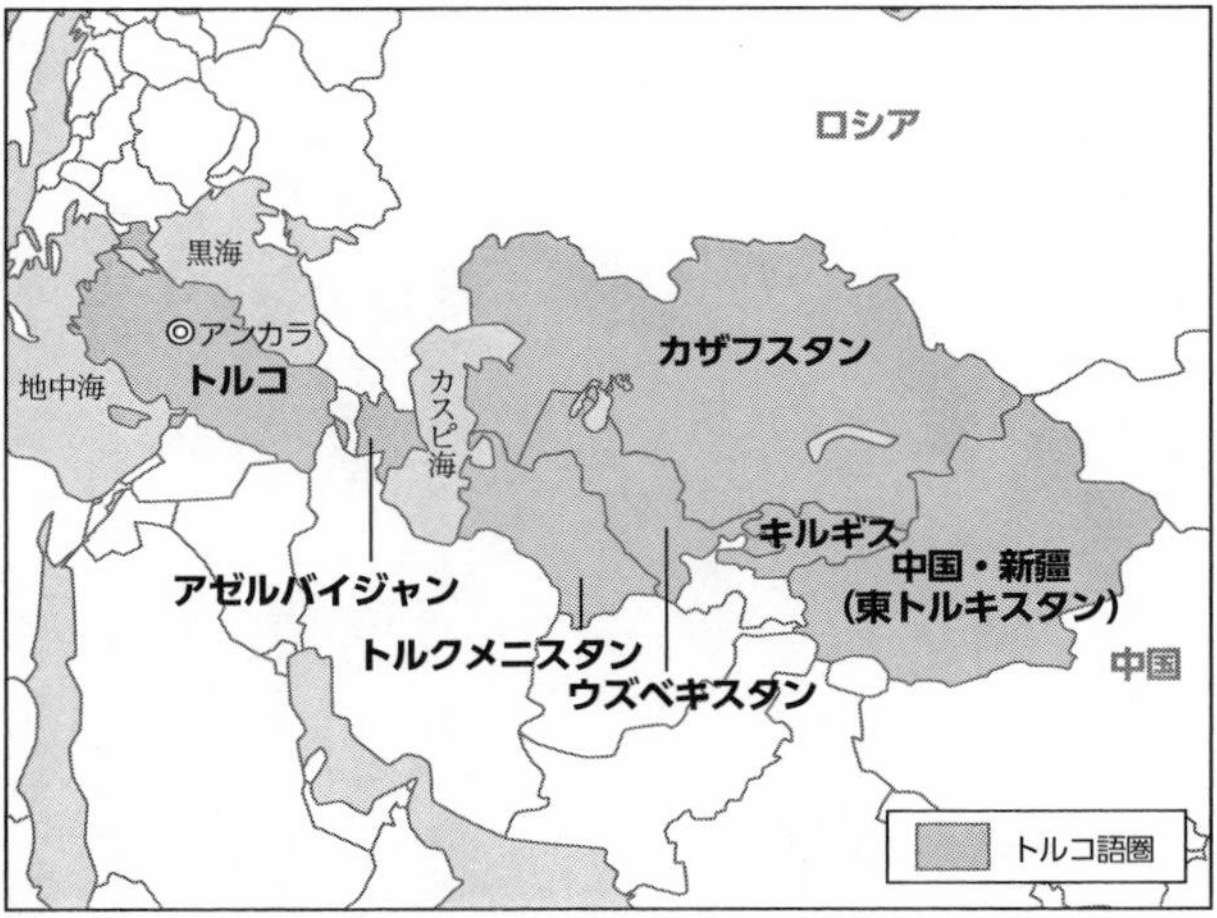

識が強くなるにつれて、アンカラ主導の「大トルコ」願望が育ちはじめているのだ。

　そこにもうひとつ絡んでいるのは、トルコの西方世界への諦念《ていねん》だ。NATO（北大西洋条約機構）に早くに加盟していたトルコは、早い時期からEU（欧州連合）への加盟も熱望してきたが、これがかなえられることがなかった。トルコより遅れてEU加盟に動いた東欧諸国が、EU加盟をゆるされたにもかかわらず、トルコは加盟できないままだ。

　EUはなにかと理屈をつけて、トルコを仲間に入れようとはしなかった。そこから、トルコはEU的なもの、つまり西側世界に疑問と反感を持つようになり、西側世界とは距離を置きはじめている。

西側を見なくなったトルコは、東側を見るしかない。その東側世界には、同じトルコ系の国々が連なっていて、アナトリアのアンカラはその西の中心だ。アンカラを西の中心地に置くことで、トルコの住人は一大トルコ圏の繁栄を思い描きはじめているといっていい。

ナゴルノ・カラバフ戦争で、トルコがアゼルバイジャンを支援した事情

アンカラの地政学的な誘導に乗っているトルコは、近年、トルコ民族を意識し、一種のリーダーのように振る舞いはじめている。それが、2020年の第2次ナゴルノ・カラバフ戦争にも現れている。第2次ナゴルノ・カラバフ戦争は、トルコ系民族の多いアゼルバイジャンとキリスト教系の住人の多いアルメニアの衝突だ。

同紛争に勝利したのはアゼルバイジャンだが、その背後にはトルコがあった。アゼルバイジャンはトルコ製とイスラエル製のドローンを駆使《くし》し、アルメニア軍のロシア製戦車を破壊していった。アゼルバイジャンの作戦系統にもトルコの軍人があったといわれる。トルコは、トルコ系の多いアゼルバイジャンを友邦と見なし、支援したのである。

一方、首都アンカラが誘導するトルコ民族主義の夢は、トルコ国内では軋轢《あつれき》も生んでいる。トルコ国内にはトルコ系以外の少数民族も少なくなく、なかでもクルド人は有力な少

数民族になっている。

クルド人は、国家を持たない最大の民族ともいわれ、独自の国家を欲している。そのクルド人に対して、トルコ政府は「クルド人は存在しないもの」としている。クルド人はトルコ人の一種であり、山のなかに迷いこんだ末にトルコ語を忘れた人たちというのが、トルコ民族主義からの見解でもある。

「帝国ふたたび」の夢をイスタンブールに託したいトルコ民族

トルコの首都アンカラの地政学的な誘導は、トルコ民族に高揚を与えている。西側との関係がぎくしゃくすればするほど、トルコの住人はアンカラの地政学的な誘導に沿って、東のトルコ民族圏を見てしまう。

だが、その高揚は、どこかで限界も見るだろう。現在のトルコ系の国であるアゼルバイジャン、ウズベキスタン、トルクメニスタン、カザフスタン、キルギスなどは貧しさから脱しきれていない。資源はあっても、それが豊かさには結びついていない。国としてのまとまりもさほどではなく、同じトルコ民族の夢につきあう気がどれだけあるだろうか。

肝心のトルコ自身にも、そうは力がない。トルコの現在の経済力では、大トルコ圏の牽引車にはなれないだろう。

トルコの住人がそれに気づいたとき、アンカラの地政学的誘導は色褪《いろあ》せたように感じるだろう。少なくとも、トルコの住人のもっとも欲するものではなくなる。

ただ、それは、幻滅というかたちでは終わらないだろう。すでにトルコの住人は、アンカラの地政学的な誘導に乗って、大トルコという野心を見てしまった。その野心や夢そのものまでは捨てきれない。そこで代わりに浮上するのが、イスタンブールの地政学的誘導だ。それは、「帝国」への誘導といってもいいだろう。

現在、イスタンブールはトルコの都でも何でもない。けれども、アンカラの地政学誘導から野心を抱くようになったトルコの住人は、イスタンブールにその野心を託すようになるだろう。イスタンブールを首都とすることで、「帝国」を再現する夢である。

イスタンブールはなぜ、「帝国の都」でありつづけてきたのか?

イスタンブールは、古代から「帝国の都」である。古代ローマ帝国、ローマ帝国から分裂したビザンツ(東ローマ)帝国、オスマン帝国と、つねに帝国の都でありつづけてきた。

イスタンブールが「帝国の都」でありえたのは、地政学的に見て圧倒的な地位からだろう。イスタンブールは、ボスポラス海峡を扼《やく》する地にある。ボスポラス海峡は、黒海とマルマラ海をつなぎ、マルマラ海はチャナッカレ（ダーダネルス）海峡によってエーゲ海、地中海と結ばれている。

つまり、イスタンブールは黒海と地中海交易の要地にあり、黒海経済を活かすも殺すもイスタンブールしだいのところがある。

しかも、イスタンブールは、アジアとヨーロッパ世界の境目にも位置している。イスタンブールの主要市街地は、ヨーロッパのバルカン半島側にある一方、アナトリア側にも市街地がある。アナトリアはアジア圏のもっとも西であり、バルカン半島はヨーロッパ圏を構成してきた。金角湾という天然の良港にも恵まれているイスタンブールは、アジアとヨーロッパを結ぶ「世界都市」として、別格の存在であるといっていい。

イスタンブールは、古代にビザンティオン（ビザンチウム）の名で建設されている。このビザンティオンをローマ帝国の首都としたのが、皇帝コンスタンティヌスである。330年のことだ。以後、この街は、皇帝の名からコンスタンティノープル（コンスタンティノポリス）と呼ばれる。

それまでローマ帝国の首都といえば、ローマであった。ローマは「不動の都」にも思われていたが、コンスタンティヌスはローマを見切り、新都コンスタンティノープルに帝国の未来を託したのだ。

ローマ帝国がコンスタンティノープルに新都を建設したのは、人心一新の意味もあっただろう。すでにローマ帝国は全盛期を過ぎ、社会は停滞していた。その停滞から抜け出すために、新都が必要であった。

加えて、ローマ帝国の国境線問題は中東方面とバルカン半島にあった。中東ではペルシャのササン朝と対峙《たいじ》し、バルカン半島方面ではドナウ川を越えて侵攻してくるゲルマン人たちに備えねばならなかった。コンスタンティノープルは、ローマ帝国の東方防衛の中心になっていた。

このコンスタンティノープル遷都は、ローマ帝国の東西分裂をもたらしている。広大な帝国の版図のなかに、コンスタンティノープルとローマというふたつの中心都市ができてしまったからには、帝国は分裂の方向に動かざるをえなくなってしまった。

コンスタンティノープルは東ローマ帝国の都となり、東ローマ帝国は「ビザンツ帝国」とも呼ばれるようになる。5世紀、ローマを中心とする西ローマ帝国は滅びてしまったが、ビザンツ帝国は15世紀まで存続している。

ビザンツ帝国は、バルカン半島、アナトリアを領有し、その全盛期である6世紀にはかつての西ローマ帝国が有していた地中海地域の領地の一部を取り戻している。この時代、コンスタンティノープルの人口は100万人を超えていたといわれる。

コンスタンティノープルを都とするビザンツ帝国は、しだいに衰退していくが、それでもヨーロッパの砦《とりで》でありつづけた。中東でイスラム帝国が巨大化したとき、ムスリムはコンスタンティノープルを欲したが、かなわなかった。中東からヨーロッパ方面に野心がある者にとって、コンスタンティノープルは巨大な壁でありつづけたのだ。

コンスタンティノープルの征服者が取り憑かれる衝動とは

15世紀、ビザンツ帝国に代わってコンスタンティノープルを手中にするのは、メフメト2世率いるオスマン帝国である。

アナトリアのトルコ戦士（ガージー）の集団から生まれたオスマン帝国は、当初、アナトリア北西部のブルサに都を置いていた。その後、バルカン半島に渡り、アドリアノープル（エディルネ）をビザンツ帝国から奪い、ここを拠点として、征服を進めてきた。

オスマン帝国の興隆《こうりゅう》は、中央アジアの覇者ティムールに敗れたことで、いったんは頓挫《とんざ》するが、やがて復活する。そして、メフメト2世の時代の1453年、完全に孤立させていたコンスタンティノープルを落城へと追いこんだ。

ここにビザンツ帝国は滅び、コンスタンティノープルはオスマン帝国の都となった。オスマン帝国はその勃興以来、1世紀半の歳月をかけて、ようやくコンスタンティノープルを勝ち取ったのである。

コンスタンティノープルを得た征服者は、コンスタンティノープルの地政学的な誘導の熱に自然に浮かされていく。アジアとヨーロッパの境にあり、黒海と地中海を結ぶ要衝《ようしょう》・コンスタンティノープルは、「帝国の都」にふさわしい。西地中海からバルカン半島、黒海沿岸、中東方面への睨《にら》みが利《き》き、「帝国」はいかようにも領地を拡大できる。征服者はそうした「帝国」の野望に取りつかれやすい。

コンスタンティノープルが「帝国の都」である限りは、コンスタンティノープルを都とする国もまた「一大帝国」でなければならない。古代ローマ帝国もその地政学的な誘導に沿ってきたし、ビザンツ帝国もそうだった。

新たにコンスタンティノープルの主人となったオスマン帝国のスルタン（君主）たちも、同じである。メフメト2世没後も、コンスタンティノープルに誘導されるかのように、オスマン帝国の歴代スルタンたちは、まるで義務のように征服活動に熱心であり、オスマン帝国はその領域を広げていった。

オスマン帝国はバルカン半島を北上し、ウィーンに迫り、エジプトではマムルーク朝を滅ぼし、北アフリカを勢力圏に取りこんだ。中東ではイランのサファヴィー朝と角逐《かくちく》しながら、聖地マッカ（メッカ）までも支配下に置いたから、オスマン帝国はムスリム世界を代表する帝国になっていた。コンスタンティノープルは、たんなる「帝国の中心」ではなく、イスラム世界の求心でもあった。

なお、コンスタンティノープルは、１４５７年にイスタンブールと名をあらためている。それでも、コンスタンティノープルという呼び方は、20世紀までつづいていた。

第1次世界大戦下、ロシアがイスタンブールを欲した理由とは

「帝国の都」イスタンブールは、野心的な征服者が欲してきた。オスマン帝国のスルタンもそうだったが、オスマン帝国が衰退を隠せなくなっていた19世紀以降、イスタンブールを欲していたのはロシアである。

サンクトペテルブルクを都とするロシアは、もうひとつの都モスクワの内包する縦深《じゅうしん》の

地政学的な誘導に沿い、領土を広げてきた。ロシアのおもな領土蚕食《さんしょく》相手は、衰退中のオスマン帝国であった。ロシアは、オスマン帝国にたびたび戦争を挑み、オスマン帝国から領土を奪っていた。

そのロシアが最終的に欲したのは、イスタンブールであった。1877年にはじまった露土《ろと》戦争でも、ロシア軍はオスマン帝国軍を圧しつづけ、イスタンブールに迫った。このとき、イギリスがロシアの行動を制止し、イスタンブールからわずかの距離にあるサン・ステファノで講和条約が結ばれている。

ロシアのイスタンブールを手中にする夢がかなえられそうになったのは、第1次世界大戦下である。イギリス、フランスはロシアを確実に味方につけるため、コンスタンティノープル協定という密約をロシア相手に交《か》わしている。この密約では、戦勝ののち、イスタンブールとボスポラス海峡をロシアに明け渡すとしていた。ロシアは第1次世界大戦に勝利すれば、イスタンブールを掌中《しょうちゅう》にできたはずだが、ドイツ軍相手に苦戦がつづいた末、革命によってロシアの帝政は潰《つい》えてしまった。

ロシアがイスタンブールを欲したのは、ここをひとつの「帝国の都」としたかったからだろう。ロシアもまた、イスタンブールが放つ「帝国化」の誘導に引っかかっていたのだ。

ロシアは、イスタンブールを手に入れたら、その名を「ツァーリグラード」にするつもりであった。つまりは「ツァーリ（皇帝）の街」である。さらには、イスタンブールをイスラムの都ではなく、ビザンツ帝国以来の正教の都に戻すつもりであった。イスタンブールが正教世界のひとつの都となるなら、イスタンブールは、新たな政治と宗教の都となるだろう。

こうしてロシアがイスタンブールを「帝国の都」にするなら、「帝国の都」としてのイスタンブールの地政学的誘導がはじまっただろう。それは、ロシア帝国のさらなる版図の拡大であったろうが、挫折してしまったのだ。

イスタンブールに都をもどすとき、トルコの「帝国化」がはじまる？

第1次世界大戦にオスマン帝国が敗れ、有名無実化してから、新たにアナトリアの主役となったのは新生トルコであった。トルコはアンカラを都としたから、イスタンブールは「帝国の都」でも何でもない、ただの世界的観光都市になってしまった。

だが、イスタンブールがいつまでも観光都市でありつづけるかは予断をゆるさない。かつてのオスマン族やロシアのように、帝国を夢見る野心家は、イスタンブールを手中にし、

「帝国の都」にしようとしてきた。現代のトルコも、その誘惑に駆られないという保証はない。

すでに述べたように、現代のトルコは首都アンカラの地政学的な誘導によって、トルコ民族圏の夢を見ようとしているが、トルコ民族圏が成立するかどうかは怪しい。トルコ民族として、カザフスタンやウズベキスタンがどれほど共鳴してくれるかも未知数のままだ。

それは、結局のところ、首都アンカラの持つ吸引力がさほどでないことを示している。首都アンカラではトルコの夢に限界があるとトルコの住人が悟ったとき、目をやるのがイスタンブールだろう。

オスマン帝国の末期、イスタンブールは、ひどく廃《すた》れ、断末魔の叫びさえあげる都であった。それがトルコの住人のトラウマとなり、首都としてアンカラを選ばせ、イスタンブールをただの都市にしていた。

けれども、あらためて見直すなら、イスタンブールは、野心家を刺激する「帝国の都」である。野心的な政治家がトルコを栄誉ある国として隆盛させたいと考えるなら、都をアンカラからイスタンブールに移すことはありうる。

そのときから、トルコはイスタンブールの地政学的な誘導に乗り、「帝国」たらんとするだろう。イスタンブールからなら、バルカン半島、西地中海、黒海沿岸、地中海地域と四方に視界が開けてくるのだ。内陸のアンカラからでは見渡せない視界である。

すでにトルコは地域大国であり、可能性を有している。バルカン半島の諸国が経済的に不安定なら、イスタンブールがバルカン半島の経済のエンジンになる選択もあるだろう。あるいは、どこかで実力行使する日がくるかもしれない。

トルコの潜在的な実力と野心にかんしては、アメリカの研究家ジョージ・フリードマンがその著『100年予測』(早川書房・2014年)で指摘するところでもある。同書によるなら、「トルコはやがて世界で十指に入る経済規模を有し、2040年代半ばには地域覇権国として、イラクやシリアを従えている。そしてトルコはふたたび浮上した日本とともに、アメリカへの挑戦者となる」という。

日本人からすれば、日本への評価はあまりに過大だが、これもひとつの見方だといえる。トルコが首都を「帝国の都」イスタンブールにするのなら、トルコはいまよりもずっと野心的な国になるだろう。その先に何が待ち受けているかは、未知数だが。

7章

ワシントンに見る覇権主義の地政学

首都ワシントンが、アメリカを「帝国主義」に向かわせている

アメリカ合衆国の首都ワシントンの歴史は浅い。合衆国の歴史よりも浅い。アメリカがイギリスから独立を宣言した1776年、ワシントンという都市は存在していない。すでにニューヨークやボストンは街として成立していたが、ワシントンという地名はなかった。

アメリカが独立後、最初に首都としたのはフィラデルフィアである。ただ、最初の独立13州のなかで、フィラデルフィアが明らかに北部に位置していたことに、南部諸州は不満があった。その南部の不満を聞き入れ、北部と南部の中間あたり、実質は南部の地に新たな首都を建設することが決まった。この新都が、初代大統領ワシントンに敬意を表した名を持つ、ワシントンD.C.となったのだ。フィラデルフィアからワシントンへの遷都は、1800年のことである。

ただ、首都になったとはいえ、ワシントンはそれから50年余りは小さな街に過ぎなかった。1861年にはじまる南北戦争でも、首都ワシントンは攻防の焦点にまではなっていない。ワシントンの存在は、それほどに小さかった。

ワシントンが変わるのは、南北戦争後である。アメリカ連邦政府の巨大化にともない、

アメリカ合衆国とその周辺国

ワシントンの人口は増え、巨大化し、現在に至る。

ワシントンは、位置的にはアメリカの東海岸中部に建設された人工的な首都である。ただ、そんな新興の都市であれ、アメリカが独立13州時代から巨大化していくにしたがって、ワシントンには「ひとつの顔」が生まれはじめる。

つまりは、アメリカを地政学的に誘導していく一面が現れはじめる。その地政学的誘導とは、「海の向こうまでのアメリカ化」ともいえるだろう。

「海の向こうまでのアメリカ化」とは、文字どおり大洋を越えて、大洋の先の陸地までも「アメリカ化」することである。

具体的にいえば、アメリカの領地にするか、保護国にするか、従属させるか、友好国にさせるかである。

さらには、アメリカ文化を浸透させていくことでもある。アメリカ化とは、民主主義や自由、平等を広めていくことだ。つまり、世界各地で君主制、独裁制を葬《ほうむ》り、民主主義国家建設の手助けをし、英語やキリスト教、文明を広めていく。ついでに、自動車文化、ハンバーガー文化、コーラ文化までも広めていく。

アメリカは世界の辺境までが「アメリカ化」しないことには、満足できない。「アメリカ化」とは世界が「アメリカ帝国」の傘下となることであり、言葉を変えていうなら、「アメリカ帝国」への誘導こそが首都ワシントンの地政学的な性格だろう。

実際に、現在の世界はワシントンの地政学的な誘導どおりになっている。日本や韓国、ドイツ、ノルウェーなど世界各地にアメリカ軍が駐留し、見方によっては、日本はアメリカの保護国、従属国のようなものである。

アメリカが「世界の警察官」の名のもと、世界各地の紛争に介入するのも、ワシントンの地政学的な誘導の結果だ。世界すべてをアメリカ化したいとさえ思っているからこそ、海の向こうの紛争が「非アメリカ」にも見える。そのため、軍を送りこみ、その地を「アメリカ化」させようとしているのだ。

安全なはずの超大国が抱く地政学的な危機意識とは

アメリカが首都ワシントンによって「海の向こうまでのアメリカ化」に誘導されてしまうのは、地政学的な危機意識からでもある。じつは、首都ワシントンは海の向こうに怯《おび》え、疑念を抱いているのだ。

アメリカは、防衛という意味では世界でも屈指の安全な国に映る。国土の東西には太平洋、大西洋が広がり、確実な自然国境となっている。北にカナダ、南にメキシコという地続きの国があるとはいえ、大きな脅威にはなりにくい。首都ワシントンは、カナダに対しても、メキシコに対しても、十分な縦深《じゅうしん》を有している。カナダの人口は希薄《きはく》だし、メキシコにはまとまりがない。

アメリカを本気で攻めようと思った国は、これまでに日本とイギリスくらいだろう。その日本にしろ、イギリスにしろ、アメリカ本土を大制圧できるとは思っていなかった。日本の場合、西海岸に「空襲もどき」でもするのが精いっぱいであり、限界であった。外から見れば、アメリカはそれくらい無敵の城にも思える。

ただ、首都ワシントンの目から見れば、少なくとも大西洋を自然国境と見なしていない。それは、アメリカの成立とかかわる。

アメリカという国は、海の向こうのヨーロッパからの移民によって成り立ち、海の向こうのイギリスと戦うことで独立を果たした。アメリカは大西洋の向こうのヨーロッパと深くかかわって成立してきただけに、大西洋を安全な国境とは思っていないところがある。

とくに、ワシントンには苦い経験もある。ヨーロッパでナポレオン戦争が戦われている時代の1812年、米英戦争下にあっては、イギリス軍によって首都ワシントンは焼き討ちに遭っている。こうした経験もあって、アメリカは大西洋を「自国を守る完全な防波堤」とは見なさず、海の向こうからの攻勢を警戒してきた。

アメリカが海の向こうを警戒することとは、そのままヨーロッパの伝統に対する否定や敵視にもつながっている。アメリカが独立した時代、ヨーロッパではほとんどの国に国王がいて、堅固《けんご》な君主制が敷かれていた。アメリカは独立時に、君主制とは完全に袂《たもと》を分かち、民主主義に向かった。以降、アメリカはヨーロッパの古い伝統とは距離を置き、アメリカ的なものをよしとするようになる。アメリカは、ヨーロッパ的なものが自国に流れこむことを嫌い、首都ワシントンを中心に「アメリカ的」であろうとしつづけてきた。

その延長線に、「モンロー主義」もあるのだろう。第5代モンロー大統領の提唱したモンロー主義とは、ヨーロッパとアメリカの相互不干渉である。つまり、アメリカはヨーロッパの揉めごとに口を出さない代わりに、ヨーロッパもアメリカ大陸での出来事に干渉しないという相互不干渉主義である。

モンローによる宣言は、海の向こうのヨーロッパに対する安全保障であり、これにより大西洋方面の安全をある程度確保したといっていい。

太平洋での日米対決の引き金となった「海の向こうへの疑念」とは

アメリカはモンロー宣言によって大西洋方面での安全を確保したとはいえ、西方での安全は未解決であった。

合衆国の成立時、合衆国は東部の海岸地帯にあっただけで、その後、合衆国はアメリカ大陸の西海岸に向かって、急速に領地を拡大していく。それは、内陸に居住していたインディアンから土地を奪い、彼らを追い立てていくという手荒なものであった。

アメリカの住人は、インディアンから土地を奪うことを正当化していた。それがよく表れているのが、「マニフェスト・ディスティニー（明白な天命、膨張の天命）」という言葉だ。

マニフェスト・ディスティニーとは、「アメリカの領土は天から与えられた使命」とする合い言葉である。つまり、合衆国の住人は天から選ばれた民《たみ》であるといっているようなものだ。この言葉によって、合衆国はアメリカ大陸内での領土拡大を正当化してきた。

マニフェスト・ディスティニーという言葉が内包しているのは、「アメリカ至上主義」である。どんな国でも、自国に最高の文化があり、隣の国の文化は野蛮であるとするような中華思想めいた考えがある。ただ、たいていの国は周囲を見て相対化していくのだが、若い国であるアメリカではその相対化が遅れたようだ。

アメリカは独立戦争後、古きヨーロッパと訣別し、アメリカ至上主義的な文化を持つようになった。これが、やがて首都ワシントンの誘導する「海の向こうまでのアメリカ化」と結びついていく。

アメリカ至上主義の一面を持つ合衆国は、征服地の住人をアメリカ化させないと、気がすまない。それを天命とも善意とも思っている。インディアンに対しても、農業、キリスト教、英語を押しつけて文明化＝「アメリカ化」させようとしてきた。つまりは「非インディアン化」であり、「非インディアン化」を拒《こば》むインディアンを敵として迫害もしてきた。

アメリカ合衆国がインディアンを虐待し、西海岸までも領地としたとき、その先に広がるのは太平洋である。アメリカの住人は、この太平洋も安全な自然国境とは見なさなかった。アメリカは太平洋に浮かぶハワイ王国を消滅させ、ハワイを自国領としている。さらにスペイン相手の戦争の結果、フィリピンの領有権を得ている。その後、ハワイやフィリピンで起きたのは、「アメリカ化」である。

こうしてアメリカがハワイ、フィリピンまでを確実に得た20世紀初頭、太平洋の西側で勃興《ぼっこう》していたのは、日本である。日本は日清戦争、日露戦争を勝ち抜き、台湾、朝鮮半島を領有していた。後述するように、首都・東京は日本にフロンティアを求める誘導を発していた。首都ワシントンが誘導する「海の向こうへの疑念、不信」は、日本に向けられ、東京の持つ誘導と衝突することになる。

ワシントンの地政学的誘導を強化させた真珠湾奇襲

20世紀前半、アメリカは太平洋の向こうにある日本の存在に疑念を抱いていたが、すぐに戦争とはならなかった。まだアメリカが内向きであり、海の向こうの果てにまで介入することを避けてきたからだ。

たしかにアメリカはモンロー主義の原則を破って、ヨーロッパにおける第1次世界大戦に参戦していた。ロシアで革命が起きると、対ソ干渉戦争にも乗り出した。それはウィルソン大統領の個性から生まれた例外であり、第1次世界大戦でアメリカの若者を死なせた反省から、アメリカはまたも内向きになっていた。

すべてを変えたのは、日米戦争であり、その端緒《たんしょ》となった日本海軍によるハワイ・真珠湾攻撃である。それまでのアメリカの経済制裁に窮《きゅう》した日本は、真珠湾への攻撃を決意する。真珠湾のアメリカ海軍基地にはアメリカの主力戦艦部隊があり、日本の最大の脅威であった。1941年12月、日本海軍は航空母艦から発進させた攻撃機により、アメリカの戦艦部隊を半ば壊滅に追いこんだ。

これに激高《げっこう》したのが、アメリカの住人である。アメリカの住人は、それまで第2次世界大戦に巻きこまれたくなかった。アメリカの住人は戦争を忌避《きひ》していたといってよいが、真珠湾での事件を知るや、逆に戦争を支持し、協力するようになった。「リメンバー・パールハーバー」を合い言葉に、アメリカの住人は団結した。

そこから先、アメリカは徹底的に日本を追いこむ。アメリカの最終目的は、日本の無条件降伏であり、アメリカ軍による東京占領であった。実際、アメリカの爆撃機は日本の大都市を爆撃によって焼け野原にし、広島、長崎には原爆を投下した。アメリカは、海の向こうの日本を完全に破壊せずにはいられなかった。

アメリカの住人が日本軍の真珠湾攻撃をゆるさなかったのは、ひとつにはそれが宣戦布告前の奇襲だったからだろう。と同時に、真珠湾攻撃が、アメリカの住人の「海の向こうへの不信、敵意」を決定的にし、敵意に油を注いでしまったからだろう。

真珠湾奇襲を知るその日まで、アメリカには自制もあった。「海の向こうへの不信」が増大しても、我慢しようとしてきた。その自制が海の向こうの国・日本が仕かけた真珠湾攻撃によって完全に壊れた。太平洋もけっして安全ではなかったのだ。これにより、首都ワシントンの誘導する「海の向こうへの不信、敵意」が剝《む》き出しになったのである。

アメリカは、海の向こうの安全を確実にするため、日本を徹底的に破壊しただけではない。日本降伏後には、日本にアメリカ軍基地を置き、日本を管理下に置いたのである。

さらに、アメリカは日本がふたたびアメリカに立ち向かわないよう、日本の「アメリカ化」を進めた。それは「民主化」という名目のもとの、日本の古い伝統の破壊でもあった。アメリカは日本統治にあって「アメリカ化」の成功を見た。アメリカは民主主義の育っていない国・日本を民主化、さらにはアメリカ化させたと自信を持ったのだ。

じつのところ、すでに日米戦争よりも前から、日本の民主化は進行してきた。アメリカ

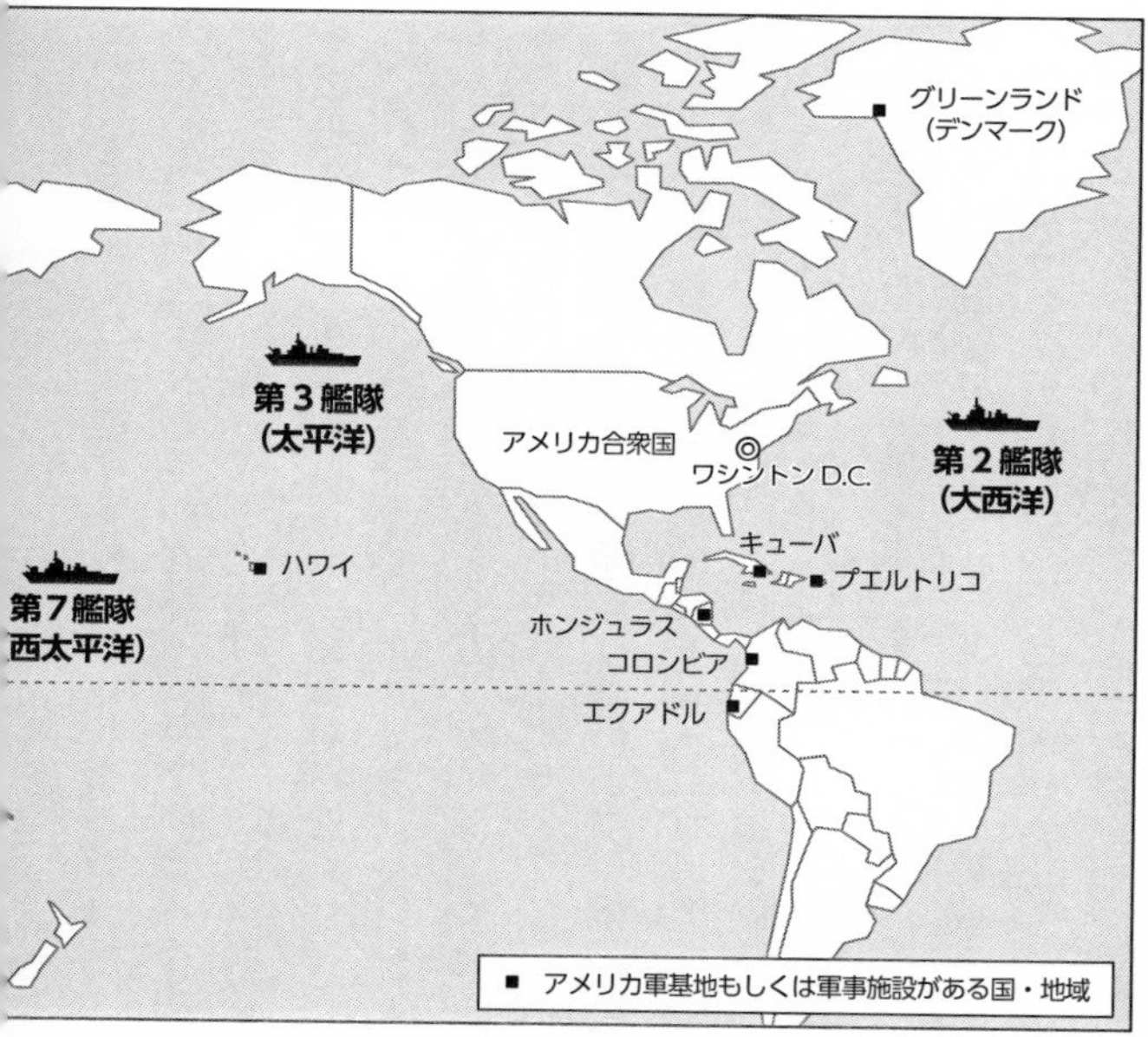

が日本を民主化させたというのは、ある意味では、一方的な自己陶酔でもあったが、アメリカは日本の民主化に成功体験を見た。この成功体験が、これからのちのアメリカを、世界各地で「海の向こうのアメリカ化」に向かわせることになる。

今日でも、アメリカはイラクやリビア、ソマリア、アフガニスタン、シリアなどに介入をしてきた。いずれの国もアメリカの本土を脅《おびや》かす位置にはないし、アメリカを攻撃する能力もない。それでもアメリカが介入するのは、「海

「海の向こうへの不信」が生んだアメリカの軍基地

の向こうへの不信、疑惑」からだ。
　とくに、アメリカはイラクでの「アメリカ化」に熱心であった。イラクでのアメリカ化とは、イラクの民主化である。アメリカは独裁者サダム・フセインを排除すれば、イラクは民主化すると思っていたようだが、結局、その目論見《もくろみ》は外れている。
　世界には、民主主義に適さない国や地域が多々あるのが現実だろう。だが、アメリカはそうは思わない。アメリカ至上主義に駆《か》られているアメリカは、どんな国にでもアメリカ式の民主主義を植えつけようと、介入する。これがうまくいくはずもなく、結局、世界にアメリカ嫌いの敵を増やすことにもなっているのだ。

アメリカがミサイル・システム構築に熱をあげた背景とは

アメリカ軍の特徴といえば、巨大な爆撃機、超大型の原子力空母、弾道ミサイル、さらにはミサイル防衛システムである。これも、ワシントンの地政学的な誘導の産物だろう。首都ワシントンは、アメリカを「海の向こうへの不信、疑惑」の方向へとつねに誘導している。そこから先、アメリカの軍人たちが考えたのは、「海の向こう」を確実に攻撃できる能力だ。それが、まずは長距離爆撃機や大型空母の開発につながっている。

たしかに爆撃機の開発は、第1次世界大戦後、ヨーロッパや日本でもさかんになった。ただ、ヨーロッパの場合、敵国はすぐ近くに存在しているのだから、大型爆撃機といえども、長大な航続距離を持つ必要がなかった。日本の場合、中国大陸への爆撃をおもに考えていて、せいぜい渡洋能力があればよかった。

けれども、アメリカはまったく違う方向を見ていた。より長大な航続距離を持つ爆撃機を運用することが、アメリカの安全につながると考えた。

ワシントンの地政学的誘導から、アメリカが敵と見なすのは海の向こうの勢力である。だからこそ、アメリカ本土から海の向こうの敵を攻撃できるほどの爆撃機を欲していたのだ。もちろん、それはすぐにはかなうはずもなかったが、アメリカの「海の向こうへの不信」からくる海の向こうの敵攻撃は執念にもなっていた。

その執念が、B-17「フライングフォートレス」やB-29「スーパーフォートレス」の開発につながっている。B-29ならば、サイパン島からの日本本土の爆撃が可能であり、アメリカ軍が硫黄島《いおうとう》を陥落させたのちは、硫黄島がB-29の基地となっている。硫黄島を飛び立ったB-29の爆撃の前に、日本は降伏に追いこまれていく。

B-17はB-29ほどの航続距離、攻撃力を持たないものの、ヨーロッパ戦線にあっては優秀な航続距離を誇った。B-17ならば、ヨーロッパのさまざまな基地からドイツへの空爆が可能となった。ドイツはB-17によって破滅させられていく。

そして、現代のアメリカの場合、空中給油機の開発によって、高速の攻撃機をノンストップで海の向こうまで送りこむことができる。

このあたりの発想は、日本ではまったく不可能に近い。日米戦争に突入しようとする時代の日本は、射程距離の長い戦艦「大和」級を開発した。アメリカ戦艦の射程外から一方的に「大和」級の巨砲を運用し、アメリカ戦艦を撃ち倒そうと考えたのだが、しょせんそれは戦術的な発想である。アメリカの長距離爆撃機の発想は、ワシントンの地政学的な誘導に沿っているため、ずっと戦略的なのだ。

また、アメリカが多数の大型空母を建造・保有したのも、海の向こうの敵を叩くためだろう。空母なら、アメリカからはるか離れた海の向こうまでを遊弋《ゆうよく》でき、空母から発進した艦載機は海の向こうの敵を自由に攻撃できるのだ。

日米戦争にあっては、日本も多くの空母を保有し、アメリカ海軍と戦ってきたが、目的が違った。日本海軍の場合、アメリカ空母の撃沈が日本空母の役割だった。アメリカ海軍の場合、空母は対空母決戦にも投入されたが、それよりも重要なのは海の向こうの敵の基地や都市の破壊であった。

アメリカが弾道ミサイルの開発とミサイル防衛システムの開発にかんして、ことのほか熱心であり、圧倒的なのも、その延長線だろう。ミサイルならば、海の向こうの敵をできる限り迅速《じんそく》に、しかも大規模に破壊できるのだ。それは、アメリカの「海の向こうへの不信、疑惑」がもたらした最強の産物でもあるだろう。

8章

ソウルに見る「力の放棄」の地政学

ソウルはなぜ、朝鮮半島の「不動の都」となったのか？

現在、朝鮮半島にはふたつの首都がある。韓国の首都ソウルと、北朝鮮の首都である平壌《ピョンヤン》だ。このうち、平壌が朝鮮半島王朝の第一首都であった時代は、満洲系の王朝ともいえる高句麗《こうくり》を例外とするなら、ほとんどない。一方、ソウルは14世紀に李朝《りちょう》（李氏朝鮮）の首都になって以来、およそ600年以上にわたって首都でありつづけた。

ソウルは、いまや朝鮮半島の不動の首都といってもいい。韓国ではソウルへの一極集中が問題視され、しばしば首都移転が叫ばれてきたが、首都ソウルの座を誰も動かすことはできない。それほどにソウルと韓国の住人は、深く結びついている。

ただ、ソウルは朝鮮半島の権力者が模索してきた末に得た都である。ソウルを都とするまで、朝鮮半島では支配者が代わるたびに都が変わってきた。

朝鮮半島に現れた最初の統一王朝は、7世紀の新羅《しらぎ》である。新羅は唐帝国の支援を得て、宿敵の百済《くだら》、高句麗を滅ぼし、朝鮮半島の大部分を領有し、首都を金城（現在の慶州）とした。もともと金城を根拠地にしていたからだ。

9世紀、新羅が衰弱していくと、朝鮮半島では新羅、後高句麗、後百済が争う後三国時代を経験する。勝者となったのは、後高句麗内にあった有力者・王建《おうけん》である。彼は918年に高麗《こうらい》を建国、都を開城《かいじょう》（開京《かいきょう》）に置いた。開城が、もともと王建の根拠地であったからだ。開城は、現在のソウルの北西に位置し、韓国と北朝鮮を分かつ北緯38度線のやや北にある。

韓国とその周辺国

ただ、新羅の都・金城も、高麗の都だった開城も、その王朝時代の都ではあったが、朝鮮半島の普遍の都にはなりえなかった。権力者が代われば、捨てられていった都に過ぎなかった。

1392年、高麗に代わって、新たに登場した王朝が李朝である。李朝の始祖・李成桂《りせいけい》は高麗の有力な武将だったが、高麗王室を半ば滅ぼし、みずからの王朝・李朝を創建する。

このとき、新たに都となったのが漢城《かんじょう》（漢陽《かんよう》）である。つまりは、いまのソウルだ。漢城への遷都は、朝鮮半島の歴史では画期的な事件であった。それまで朝鮮半島の王朝は始祖の根拠地をそのまま都としてきたが、出身地でない地が都に選ばれたからだ。

李朝の祖・李成桂の故郷はといえば、朝鮮半島の付け根に当たる咸興《かんこう》から永興《えいこう》のあたりだという。彼は故郷を愛していたようだが、故郷は首都にするには北にありすぎた。そこから先、李成桂は、これまでの朝鮮半島にはない価値観で漢城遷都を決めたようだ。

漢城に都が定められたのは、ひとつには漢江《かんこう》のほとりにあったことだ。李成桂は漢江の水運に着眼し、物流の拠点として漢城を選んだようだ。さらには、朝鮮半島独特の風水の学説にのっとって、漢城を選んだともいわれる。

李成桂が漢城にどれだけの可能性を見ていたかはともかく、漢城、現在のソウルは、その後、朝鮮半島の都でありつづけた。李朝から大韓帝国、日本統治時代を経て、現在の韓国に至るまで、つねに首都の地位にあったのだ。ソウルは、朝鮮半島のなかで唯一無二《ゆいいつむに》に近い座を得ているといっていい。

ソウルを別格の都市に持ち上げた「小中華思想」とは

ソウルが朝鮮半島の不動の都となったのは、ひとつにはその経済力にあるだろう。漢江の水運を活かせるソウルには、朝鮮半島各地からモノが集まり、経済的に優位にあった。ソウルには、ヒトも集まり、首都としての威風も出てきた。

ただ、それだけではソウルは不動の都になれなかっただろう。ソウルが朝鮮半島で別格の都市になったのは、「小中華思想」の賜物《たまもの》でもあるといえるだろう。

小中華思想とは、中華思想の朝鮮半島版である。中華思想では、中国大陸の中原《ちゅうげん》が世界と文明の中心であり、中原から外に向かうにつれて、文明の恩恵に与《あずか》れない野蛮の地になる。長安《ちょうあん》、洛陽《らくよう》が中国大陸の都になりえたのは、この中華思想があってこそのものだ。

朝鮮半島の住人は、この大陸由来の中華思想の影響を強く受けている。新羅以来、朝鮮半島の文化の主役は仏教だったが、14世紀末に成立した李朝は違った。李朝は仏教を排斥《はいせき》し、儒教のなかでもとくに朱子学を重んじた。

朱子学は中華思想と結びつき、中華文明の優位を説いている。朝鮮半島では、みずからは中華の住人になれないものの、中華に次ぐ文明を保有しているという小中華思想が育《はぐく》まれていった。

とくに李朝と同時代に中国大陸で成立した明帝国は、中華思想の強烈な国になっていた。明帝国が誕生するまで、中国大陸を制したのは、満洲やモンゴル高原の勢力であった。中華思想の民にいわせれば、中華世界は蛮夷《ばんい》に荒らされつづけていた。だから、モンゴルの元帝国を北へと押し返した明帝国は、中華の復興を強く意識した。

すでに、満洲の金に圧迫された南宋の時代、中国大陸では朱子学が成立し、中華思想を強化しようとしてきた経緯がある。明帝国は朱子学を取りこみ、明を「大中華の国」にしようとしてきた。

李成桂にはじまる李朝はといえば、明帝国に進んで朝貢《ちようこう》し、冊封《さくほう》（皇帝が、その一族、功臣もしくは周辺諸国の君主に爵位を与えて、これを藩国とすること）を受けている。李朝は明帝国をモデルとし、明に思慕《しぼ》の念が強かった。明への崇拝は、そのまま中華思想の崇拝につながり、李朝は小中華思想の国へと化していった。

中華思想では、文明の中心は中原である。これにならった小中華思想では、文明の中心は首都ソウルとなる。朝鮮半島に小中華思想が浸透するにしたがい、ソウルは小中華思想の中心地になっていった。ソウルの首都としての地位は、小中華思想によって補完されてきたのだ。この点は、長安、洛陽と中華思想の関係によく似ている。

朝鮮半島で中華思想が強化されるのは、17世紀後半のことだ。1644年、明が滅んだのち、中国大陸を制したのは、満洲族の清帝国である。中原からはるかに離れた満洲は、中華思想が及びにくい夷狄《いてき》である。朝鮮半島の住人も、満洲を長く夷狄として侮蔑《ぶべつ》してきた。その夷狄が中華世界を乗っ取ってしまうのは、朝鮮半島の中華思想の信奉者にはありえない話であった。

朝鮮半島の住人は、このありえない話から、「真の中華は中国大陸から朝鮮半島に移ったのだ」と解釈せずにはいられなかった。朝鮮半島は中華の国になったという考えが浸透していけば、ソウルは中華の中心となる。ソウルは、朝鮮半島にあっては神聖な地にもなっていたのだ。

現代の韓国においても、小中華思想は住人のなかに食いこんでいる。その思想がある限り、朝鮮半島にあってソウルの地位は絶対といっていい。

ソウルが誘導していた朝鮮半島の「力の放棄」とは

李朝の都・漢城は、李朝時代に「小中華の都」と化していくが、同時に漢城は朝鮮半島国家の性格を規定もしていった。首都・漢城が李朝を地政学的に誘導していったからだ。漢城の地政学的誘導とは、朝鮮半島国家の「力の放棄」といえるのではないだろうか。

朝鮮半島は、東西南と三方を海に囲まれている。そのため、朝鮮半島の国家は、北辺にしか領土を拡大できない。平壌から北上し、満洲、遼東《りようとう》方面にしか領土の拡大はできなかった。朝鮮半島の歴代王朝である新羅、高麗は、北方への領土拡大を目指してきた。

けれども、10世紀ごろから朝鮮半島の国家は、満洲方面への勢力拡大の困難を知りはじめる。満洲方面に中国大陸の王朝を脅《おびや》かすほどの勢力が次々と登場してきたからだ。

まずは、モンゴル高原東部にあったキタイ人の遼《りよう》帝国が満洲にあった渤海《ぼつかい》を滅ぼし、満洲を制圧した。キタイ人たちは、高麗にも侵攻し、首都・開城を荒らした。

満洲ではやがてジュルチンが遼を滅ぼし、金《きん》帝国を打ち立てる。金はいったんは宋を滅ぼし、華北《かほく》までを版図《はんと》とした。金もまた高麗を圧迫していったから、朝鮮半島の国家はつねに北辺に脅威を感じるようになっていた。

13世紀前半、金を滅ぼしたのはモンゴル帝国である。モンゴル帝国は満洲を席巻《せつけん》したのち、朝鮮半島にも深く侵攻をはじめる。たまりかねた高麗の王室は、都を開城から江華島《こうかとう》に移している。

陸地から切り離されている江華島には、水が苦手なモンゴル兵も渡ってはこなかったが、最終的に高麗王室はモンゴルに屈伏《くっぷく》、臣従《しんじゅう》するほかなかった。元帝国の末期、中国大陸で紅巾《こうきん》の乱が起きたとき、紅巾賊もまた遼東方面から朝鮮半島に侵攻してきている。

このように高麗の時代、朝鮮半島の北の国境線は破られつづけ、満洲を制した勢力に脆《ぜい》弱《じゃく》であった。朝鮮半島国家は北への膨張に困難を感じ、そこにはあきらめもあった。

北辺の困難をもっとも知っていたひとりが、李朝の始祖・李成桂であっただろう。李成桂自身が北辺の出身であり、じつはジュルチンだったともいわれる。彼は日本の倭寇《わこう》とも戦い、戦果をあげてきた人物だが、北方での戦いに限界を見ていたようだ。高麗時代、彼は宮廷から北方で明軍との戦いを命じられるが、行軍の途中でこれを拒否した。やむなく李成桂は高麗の宮廷でクーデターを仕かけ、これが李朝創建のはじまりとなっていた。

北方への膨張を断念した李成桂が首都に選んだ漢城は、高麗の都・開城よりも南にある。李成桂は、北方の国境線に対して縦深《じゅうしん》を深くし、首都の安全を図ったともいえる。

さらに重要なのは、首都が江華島の近くにあることであった。高麗の都・開城も江華島に近かったが、李朝の新都・漢城もまた江華島の近くに位置した。つまり、首都・漢城が危《あや》うくなれば、王族は江華島に逃げこみ、難を逃れられるのだ。

実際、高麗時代にモンゴル帝国の騎兵が朝鮮半島に侵攻したとき、王族は開城を捨てて、江華島に逃げこんだ歴史がある。江華島は、騎兵の侵攻に対する逃げこみ場であり、李朝もまた、江華島に近い漢城を首都にしたのだ。

だからといって、北辺の国境に対する縦深戦略も、朝鮮半島では持ちにくかった。朝鮮半島南岸を荒らしていた倭寇の跳梁《ちょうりょう》を考えるなら、首都を漢城よりも南にすることは危険であった。漢城を首都とする選択は、苦渋のものでもあったのだ。

こうして李朝の都となった漢城が地政学的な誘導をはじめたのは、朝鮮半島国家の「力の放棄」だろう。どんな国であれ、領土の拡張欲求はある。どんなかたちであれ、自国領土を広げたい。朝鮮半島国家にもそうした欲求がありつづけ、北方、満洲方面への領土拡大が悲願でもあったのだが、漢城は北の国境線から遠ざかっている。

漢城は、新羅の都であった金城を除けば、朝鮮半島の王城でもっとも南に位置する。第二の都となることもある平壌や高麗の都であった開城よりも南である。それが物語るのは、朝鮮半島王朝の限界だ。漢城の位置は、朝鮮半島の王朝が北方への領土拡大をあきらめたことを示している。

もちろん、李朝の草創から北方への拡大をあきらめたわけではなく、15世紀、世宗の時代あたりまで李朝は北方に国境を延ばし、現在の国境線に近づけている。ただ、ソウルはしだいに朝鮮半島の権力者に北方への関心の低下を誘導し、北方への関心低下は領土欲の希薄《きはく》化にもつながったのかもしれない。領土欲の希薄化は現状維持志向を意味し、首都を漢城に置く朝鮮半島国家は現状維持に安寧《あんねい》を求めるようになったのだ。これは、「力の放棄」への誘導とでもいえないだろうか。

ここに、あらためて中華思想も絡んでくる。朝鮮半島における中華思想では、朝鮮こそがもっとも文明化された国である。文明化された国がわざわざ蛮夷の地に領土を広げる必要もないのだ。朝鮮半島が中華思想に染まるにつれて拡張欲は薄れ、力は放棄してよいものとされ、現状維持に満足していくのだ。

漢城が誘導する「力の放棄」は、両班《ヤンバン》のありようにも表れている。両班とは、科挙試験に合格した官僚なのだが、朝鮮半島では貴族化した。両班はある意味の「力の放棄」を美徳として、重いものを持つことがなかった。

また、「力の放棄」は、成長への無関心につながりやすく、李朝時代、経済は停滞したままだった。さらに外に対する「力の放棄」は朝鮮半島を内向きにもした。内向きになった李朝でくり返されたのが、漢城の宮廷内闘争である。

李朝では、漢城の宮廷で両班どうしの闘争がつづき、国力が増大することはなかった。李朝の4世紀以上の平和は、朝鮮半島を停滞させるだけであった。

時の権力者に見捨てられる首都ソウルと住人たち

朝鮮半島の権力者と首都の関係は、他の地域では見られないものがある。朝鮮半島では、戦争になるたびに、権力者は首都を守らずに、逃亡してしまうのだ。

それは、高麗の時代にはじまっている。モンゴル帝国の騎兵が襲来したとき、王族は住人を守るためにモンゴル軍と決戦を挑《いど》むことはなかった。王族たちは、安全な江華島に逃げこんだ。朝鮮半島各地がモンゴルの騎兵による略奪にさらされても、頬《ほお》かむりするだけであった。

李朝の時代も同じである。豊臣秀吉の軍勢が朝鮮半島に侵攻、北上をはじめたとき、李朝の国王・宣祖《せんそ》はほとんど戦わずして、漢城から去り、北へと逃走をつづけた。豊臣軍は、あっさり漢城に入城している。李朝の国王は、みずからが漢城奪還のために戦うこともなかった。漢城奪還に貢献したのは、国王・宣祖に依頼されて出動した明軍であった。

17世紀、ホンタイジ率いる満洲族が朝鮮半島に侵攻したときも同じであった。王族の多くは江華島に逃れ、国王・仁祖《じんそ》が戦うことはなかった。仁祖は最後には降伏し、漢城近くの漢江河畔の三田渡《さんでんと》で清帝国皇帝となったホンタイジの前に三跪九叩頭《さんききゅうこうとう》（1度ひざまずいて、3回頭をたれる動作を、3回くり返すこと）の礼をとらされている。

20世紀になり、李朝が消滅しても、権力者のありようは変わらない。1950年にはじまった朝鮮戦争でも同じことが起きた。金日成《きんにっせい》の号令のもと、北朝鮮軍が韓国内に侵攻、ソウルに迫ったとき、李承晩《りしょうばん》大統領は真っ先にソウルを見捨て、逃亡している。漢江にかかる橋は壊され、ソウルの住人は北朝鮮軍の侵攻から逃れるすべさえも失っていた。南に追い詰められていった李承晩は、日本の山口県に亡命政府を置くことも視野に入れていた。

朝鮮戦争は、アメリカ軍を主力とする国連軍の仁川《インチヨン》上陸で一変する。南に侵攻していた北朝鮮軍は背後を衝《つ》かれ、逃走をはじめる。国連軍が北朝鮮の都・平壌に迫りはじめたとき、金日成は北方へと逃走をはじめている。彼もまた、首都・平壌や北朝鮮の住人を守る意思を持たなかった。

このように、朝鮮半島においては、首都は華《はな》やかな街であっても、死守しなければならない聖地ではない。最高権力者はわが身が危うくなれば、さっさと首都を放棄し、逃走してしまうのだ。

ここにも、朝鮮半島の首都ソウルの放ってきた「力の放棄」の誘導があるといえるだろう。朝鮮半島の実力者は、みずからが先頭に立って戦うのを避ける。戦うのは軍人、兵士たちであり、「力を放棄」した為政者は、さっさと逃げてかまわないのだという論理があるのではないか。

第2次世界大戦後、ソウルが発しはじめた新たな地政学的誘導とは

朝鮮半島の都・漢城は、長く朝鮮半島に対して「力の放棄」の誘導をなしてきたように思われる。けれども、第2次世界大戦ののち、韓国の首都として出発したソウルは、異なる地政学的誘導を発するようになっている。

韓国の大統領・李承晩が、日本海にいわゆる「李承晩ライン」を設定したうえ、島根県の竹島を奪取したからだ。李承晩ラインとは、韓国では「平和線」といい、韓国側が一方的に設定した日韓の漁業境界線である。

それまで日韓の中間には「マッカーサーライン」という漁業境界線が引かれていたが、李承晩ラインはマッカーサーラインを無視して、より南に境界線を設定した。日本の漁船はこれまで操業していた水域を追い出され、李承晩ライン内に入ろうものなら、容赦なく

拿捕《だほ》された。

島根県の竹島は、朝鮮半島の東に浮かぶ無人島である。李承晩政権の韓国は、竹島を武装占拠し、韓国領の「独島《トクト》」としてしまった。

李承晩ライン

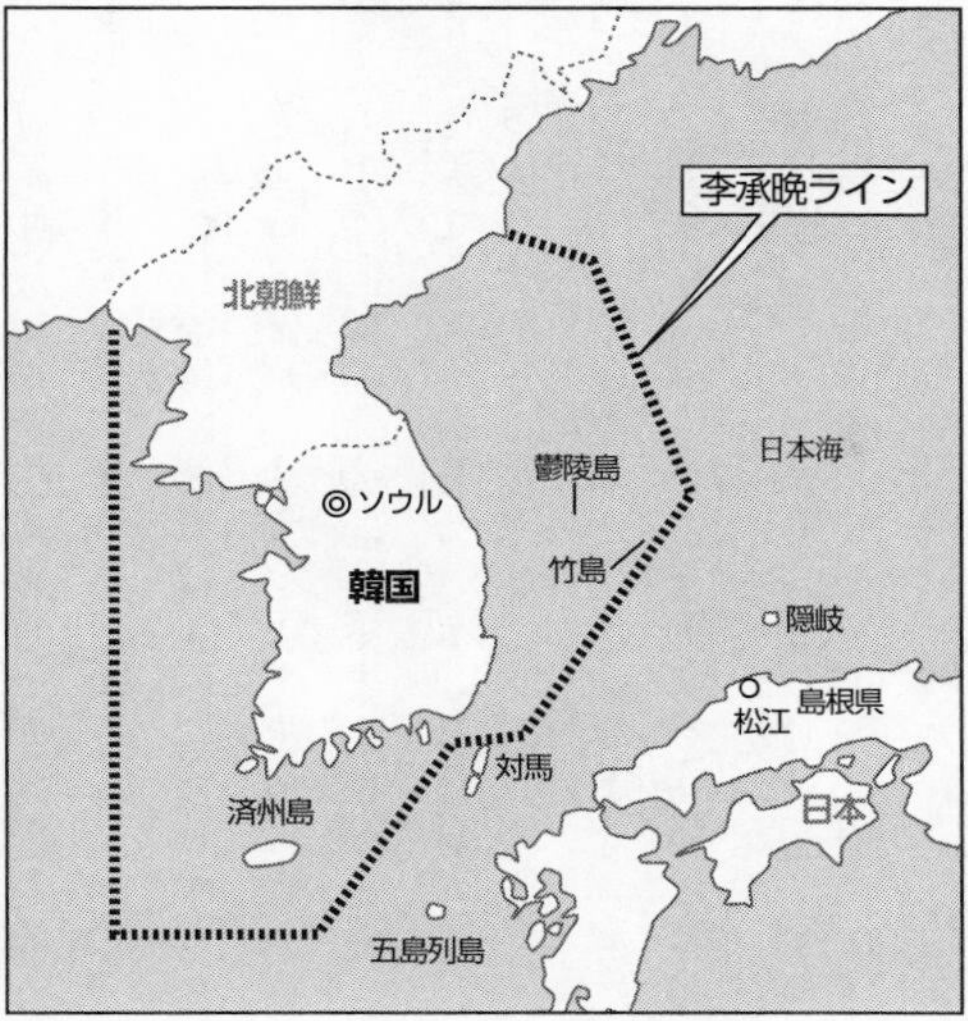

李承晩ラインも竹島占領も、日本が日米戦争に敗れ、無力化された時代に起きている。李承晩大統領と韓国は、無力化された日本相手に、実質的に国境を大きく広げたのだ。ほとんど「力を放棄」したような李承晩政権でも、丸腰の日本相手なら勝てた。それは、朝鮮半島の歴史では、数世紀以上もありえなかった領土の拡大であり、韓国の住人には大きな自信となった。

以後、首都ソウルの持つ地政学的な誘導は変化してくる。それは「力の放棄」

から「朝鮮半島統一・拡大願望」の誘導だろう。

李承晩ラインの設定と竹島の領有によって、韓国の支配地域は東と南に延びた。となると、ソウルの位置はあまりに北西に寄りすぎる。ソウルが韓国の位置的な中心であるためには、さらなる領域拡大が必要であり、これが朝鮮半島の統一となる。

もともと韓国は将来の北朝鮮との統一を見こんで、北朝鮮との国境に近いソウルを首都にしたと思われる。韓国が実質、支配領域を広げたことで、ソウルにもともとあった「統一」への誘導はさらに強化されたのだ。

首都ソウルが帯《お》びた新たな地政学的な誘導は、「力の否定」の誘導を終わらせたようだ。ゆえに、1960年代から、韓国では朴正熙《ぱくせいき》大統領主導のもと、経済建設がはじまる。それは韓国にはめずらしい武断的な政治家である朴正熙のキャラクターもあっただろうが、ソウルの新たなる誘導「統一・拡大願望」が住人に夢を与えたからではないだろうか。

ただ、ソウルの持つ「統一・拡大願望」は、日本の我慢によって成り立っているところがある。戦後の日本は、かつて併合・統治していた韓国への贖罪《しょくざい》意識もあって、韓国に対しては声を荒《あら》らげないように自制してきた。竹島の件にしても、日本は抗議のみにとどめている。その自制が解かれると、ソウルの持つ地政学的誘導も変わってくる可能性がある。

9章 東京に見る開拓精神の地政学

複数の都が併存する、世界でも珍しい国・日本

現在、日本の首都は東京だが、東京が完全なる日本の首都となった時代は、150年余りに過ぎない。その一方、19世紀までは、京都が「永遠の都」のようにいわれていた。その京都にしても、完全なる都だったとはいいきれない。じつのところ、日本列島内には複数の都が併存してきたといってもいい。

それは、日本列島の地勢によるものだろう。日本は、山の多い島国である。各地にある平野は狭く、山地や河川が至るところで列島のつながりを分断している。こうした山がちな地勢の国にあっては、それぞれの地域の勢力の独立色が強く、中央集権を確立しづらい。そのため、地方の隅々《すみずみ》までを束ねる、求心力のある首都は育ちにくい。

しかも、日本列島は細長いから、なおさらひとつの求心的な都が生まれにくい。どうしても、列島の東西に割れてしまう傾向があり、畿内の都と関東の都のふたつが併存するような状況が生まれたのだ。

畿内の都といえば、京都や奈良、大阪（大坂）などであり、関東の都といえば東京（江戸）、鎌倉だ。このなかで9世紀から19世紀までは京都の存在が大きいのだが、その京都とて絶

対の都ではありえなかったのだ。

このあたりは、イタリア半島にかなり似ている。イタリア半島も日本列島と同じく、山がちで南北に細長い。山地や河川によって半島が寸断されているから、小さな平野それぞれに勢力が盤踞《ばんきょ》しやすい。

たしかに古代ローマ帝国の時代、ローマが都として強い求心力を得ていたが、それは例外のようなものだ。ローマが永遠の都であったのは、ローマ帝国の時代までだ。ローマ帝国が崩壊したのち、ローマはカトリックの聖地ではあっても、イタリア半島を束ねるほどの力は持たないままだった。ローマに代わって、イタリア半島の都となるような都市もなかった。

ルネサンスの時代には、フィレンツェ、ミラノ、ヴェネチア、ジェノヴァ、ナポリなどの都市国家が勢力争いをくり広げ、さながら戦国時代のようであった。日本の戦国時代は統一によって終焉《しゅうえん》したが、イタリアの場合、イタリアを統一する都市国家は現れないままだった。

19世紀後半、分裂していたイタリアの統一がなされたとき、ローマに首都が置かれることになったが、いまなおローマは絶対的な首都ではないだろう。北ではミラノが一大勢力を築いている。

日本の場合、京都はローマよりも求心力があったとはいえ、東国方面には求心力に欠けた。そのため、関東でも独自の都が育つようになっていったのだ。

となると、日本ではふたつの異なる地政学的な誘導が働いていたことになる。京都（畿内）の地政学的誘導、江戸（関東）の地政学的誘導は異なり、それが日本の歴史を複雑にしていると考えられるのだ。

日本の都はなぜ、畿内に誕生し、転々としたのか？

8世紀末、京都に都が移されるまで、日本の都といえば大和地方（奈良）であった。大和の地には、天皇の祖先があったからだ。7世紀末、大和には日本初の本格的な都城である藤原京が造営され、8世紀初頭には平城京が完成している。都は難波《なにわ》や大津に移されることもあったが、基本的には大和が日本の都になっていた。

794年、平安京が完成すると、都はこの地に移される。平安京遷都は、琵琶湖と瀬戸内海を結ぶ淀川《よどがわ》の水運に目をつけてのことだろうが、奈良も京都も大阪もともに畿内にある。日本の都は畿内にはじまり、19世紀まで都としてありつづけてきた。

畿内に都が置かれたのは、西日本にあってもっとも広いクラスの平野が畿内にあったからでもあるだろう。さらには、瀬戸内海の東に位置し、瀬戸内海交易圏の一方の極にあったところが大きいだろう。畿内は、瀬戸内海を「内海」として活用することで、首都になっていったといっていい。

鎌倉の武家政権が機能する12世紀末まで、日本において、京都や奈良は単独の都であった。そのため、13世紀までの日本は京都や奈良の持つ地政学的誘導を受けがちであった。京都や奈良の発する地政学的な誘導とは、「九州、瀬戸内海、朝鮮半島や中国大陸への関心」だろう。簡単にいえば、「西への関心」となる。

京都や奈良の地政学な特徴は、瀬戸内海のもっとも東、つまり西側から見ればもっとも奥まったところに位置していることだ。瀬戸内海の西には九州があり、九州は朝鮮半島への玄関口でもあれば、中国大陸を見据えることもできた。つまり、畿内にある京都や奈良は、もっとも安全に、朝鮮半島や中国大陸の文物《ぶんぶつ》を手にできる位置にあったのだ。

19世紀を迎えるまで、朝鮮半島や中国からの船が京都よりも東、名古屋や関東に向かうことはほぼ不可能であったと思われる。というのも、紀伊半島沖は海の難所であり、難破《なんぱ》しやすい。いったん嵐に巻きこまれ、遭難すると、どこに漂着するかわかったものではない。そんなわけで、朝鮮半島や中国の文物の東の行き止まりは、畿内であったのだ。

平城京が都であった8世紀前半は、唐帝国の全盛期であった。唐帝国には西方の文物も渡来し、その西方の文物は奈良の正倉院にも達していた。そこから正倉院はシルクロードの東の終点のようにいわれるが、奈良であれば安全に大陸の文物を入手できたということである。

しかも、京都や奈良は朝鮮半島の勢力からも安全である。朝鮮半島の勢力が日本の都を落とそうと思ったら、まずは九州に上陸するか、あるいは船で関門海峡を抜けねばならない。守る側からすれば九州の防備を固めておけばいいし、狭い関門海峡なら迎撃《げいげき》しやすい。朝鮮半島の勢力は容易には瀬戸内海に入ってこられないから、平安京や平城京は異国の兵に荒らされる心配をしなくていい。

それでいて、瀬戸内海航路を活かして、平安京や平城京の宮廷人は安全に異国の文物を手にできるのだ。じつのところ古代の宮廷人はそこまでを計算して畿内に都を置いたとも思われるが、ともかく京都、奈良に地政学的誘導を受けた日本人がつい見たがるのは、朝鮮半島や大陸の文化、文物であったのだ。

住人に愛想をつかされた近江京の天智政権

８世紀まで、日本の都は畿内およびその周辺を転々としていたが、同じ畿内およびその周辺であっても、どこに位置しているかで、地政学的な誘導に違いが出てくる。その典型が、近江京（大津宮）だろう。

滋賀県の大津は、厳密には畿内ではなく、畿内周辺地域となる。瀬戸内海から見れば、畿内のもっとも奥深くに位置するといっていい。そこから、大津宮の持つ地政学的誘導は西の脅威への警戒と恐怖となったと考えられる。

大津宮に都を移したのは、即位前の天智《てんじ》天皇である。それまで日本の都は大和の飛鳥《あすか》にあったのだが、わざわざ畿内からすれば辺鄙《へんぴ》な地に移したのだ。

そこには、天智天皇の危機意識がある。天智天皇は、朝鮮半島に積極的にかかわってきた実力者である。朝鮮半島では６６０年に日本と関係の深い百済《くだら》が唐帝国・新羅《しらぎ》連合の前に滅亡、百済の残党は日本に向かい、百済の復興を訴えた。これを聞き入れた天智天皇の母・斉明《さいめい》天皇と中大兄皇子（天智天皇）は筑紫《つくし》に向かい、朝鮮半島出兵を画策する。

けれども、６６３年、朝鮮半島に渡った日本軍は白村江《はくそんこう》の戦いで、唐帝国・百済の連合軍に敗れる。百済復興の望みが消えたばかりか、朝鮮半島から九州へと唐帝国軍の上陸が危惧《きぐ》された。

この危機に、天智天皇は九州北部、瀬戸内海の防衛を強化すると同時に、都を飛鳥から大津宮に移した。唐軍が九州を制して、瀬戸内海を渡り、畿内に侵攻したときに備え、畿内方面のもっとも奥深い地を都としたのである。

この大津遷都は、西日本の住人の目を自然に西方へと誘導しただろう。やがて九州に唐軍が攻めてくるかもしれないという緊張が、西日本に生まれても不思議ではない。

ただ、危惧されていた唐軍の日本侵攻はなかった。唐の朝鮮半島出兵の最大の狙いは、朝鮮半島からの日本の排除ではなく、高句麗《こうくり》攻撃にあったからだ。唐は高句麗を滅ぼすと、今度は西方におけるチベットの吐蕃《とばん》との対決に追われていたから、日本侵攻どころではなかった。

こうして日本の危機はひとまず去ったが、その間、都でありつづけた大津宮は、西日本の住人にもうひとつの誘導を与えていたと思われる。

住人は西方からの危機を意識しつづけるとともに、西方からの危機を遷都により避けようとする王家に、臆病《おくびょう》さを見てしまったようだ。西日本の住人たちは、自分たちには危機に対して立ち向かうよう仕向けながら、みずからはへっぴり腰である王家に幻滅したと思われる。

それが、672年の壬申《じんしん》の乱となる。671年、天智天皇が没すると、天智天皇の子・大友皇子《おおとものみこ》（弘文《こうぶん》天皇）に実権が渡った。これに対して、天智天皇の弟・大海人皇子《おおあまのおうじ》は吉野で挙兵、大津宮を攻撃し、大友皇子を自殺に追いこんでいる。勝利した大海人皇子は、天武《てんむ》天皇として即位する。

壬申の乱で、天武天皇が勝利したのは、彼の老獪《ろうかい》な深謀にもよるものだろう。と同時に、大津宮の大友皇子には思うように兵が集まらなかったからだ。

大津宮は、西日本の住人に宮廷への反発も誘導していた。西日本の住人は、臆病な大津宮に対して協力を渋ったのである。その間、天武天皇は東国の兵らを味方につけ、大津宮を追いこんだのだ。

勝利した天武天皇は、大津宮の地政学的な負《ふ》の側面を理解していたのだろう。彼は都を飛鳥に戻し、飛鳥浄御原宮《あすかきよみはらのみや》で即位している。

即位と同時に天武天皇が着手したのは、飛鳥にもう一度強い求心力を持たせることだ。天武天皇は、日本初の本格的な都城である藤原京の造営を命じている。藤原京こそは日本ではじめての首都らしい首都であり、平城京、平安京のモデルにもなっている。

京都が「日本列島の東西分断」をもたらしていた

京都をはじめとした畿内の都は、日本の政権の目を朝鮮半島、中国大陸方向へと誘導しやすい。それは、日本列島の東西分断ももたらしていた。首都の政権の目がつい西の方向に行きがちだからだ。そのため、東国は放置されたも同然だった。

9世紀ごろまでの日本の歴史の不可解なところは、九州と畿内以外ではさしたる反乱が起きていないことだ。朝鮮半島とかかわりやすい九州、政権に近い畿内では反乱が起こっても、地方では反乱がほとんど起きていない。

それは、畿内の朝廷が善政を敷いていたからではないだろう。日本列島の各地域で住人の地力《じりき》が十分に育っていなかっただけのことではないだろうか。だから、地方は畿内の貴族たちから収奪されても、黙っているしかなかった。

典型は、平安時代の受領《ずりよう》たちだろう。受領とは、各地に都から派遣される国司の最上席の長のことである。受領はともすると任地で暴政にはしり、巨利を得ていた。戦国時代になると、こうした支配者は住人の排除の対象になり、存立しえなかったのだが、平安時代ごろまではありえたのだ。

平安時代、地方はまだ地力に乏《とぼ》しかったから、京都の朝廷の言いなりであった。その朝廷の目は、ずっと西の方向に誘導されたままであり、宮廷では国風文化といわれた時代でも、じつのところ中国由来の文化に耽《ふけ》っていた。朝廷の地方管理はいい加減なもので、とくに東国には目がいかなかった。東国を野蛮な国と侮蔑《ぶべつ》していたようだ。

けれども、東国の住人が地力をつけはじめると、状況は変化してくる。京都の東国への冷淡さをいいことに、東国は京都を無視するかのように自立の方向に向かいはじめる。

そのひとつのはじまりが、10世紀に起きた平将門の乱であるだろう。そのはじまりは、一族の領地争いだった。この領地争いを京都の朝廷がまともに調停できなかったところから、平将門が反乱者となり、彼は関東の多くを制して、都の天皇に対して「新皇《しんのう》」とさえ名乗った。

平将門の乱は、最後は失敗に終わるものの、後世、平将門は東国では東国独立を目指した英雄のように語られる。京都の朝廷が西に誘導されているのに対して、無視されてきた東国は独立地帯を目指していったのだ。京都のありようは、日本列島の東西の分断を招いていたようにも思える。

大阪、神戸を都とした権力者たちの狙いとは

畿内のどこに都を置くかで、首都の地政学的な誘導は変わってくると述べたが、そのひとつに大阪（大坂）がある。大阪の地政学的な誘導は、平城京や平安京の地政学的な誘導よりもっと濃厚だ。日本の権力者たちに、より強く西方を意識させることになる。

大阪が都になったのは、7世紀と16世紀である。7世紀半ば、乙巳《いっし》の変（大化改新）という宮廷クーデターによって、当代随一《ずいいち》の権力者であった蘇我蝦夷《えみし》・入鹿《いるか》の父子が討たれる。この暗殺劇を受けて即位した孝徳《こうとく》天皇の政権は、難波に新たな宮廷を置き、難波長柄豊碕宮《なにわのながらとよさきのみや》と名付けている。

難波に新たな都が置かれたのは、朝鮮半島を意識してのことだろう。当時、朝鮮半島で三つ巴《どもえ》の抗争をくり広げていた高句麗、百済、新羅では、640年代に宮廷クーデターや政変があいついでいた。

乙巳の変自体、朝鮮半島での宮廷クーデターの連鎖が日本にも飛び火したとも受け取れるのだが、日本の宮廷は不穏な朝鮮半島に吸いこまれていった。より朝鮮半島にかかわろうとするための難波遷都であったのではないか。

難波遷都をなした孝徳天皇の政権には、のちの天智天皇である中大兄皇子も存在した。天智天皇は、前述のように朝鮮半島出兵に熱心であったが、彼が難波京にいたことも、これを裏付けているだろう。

つづいては1580年代、畿内最高の実力者となった豊臣秀吉が大坂に壮大な城を築いた時代だ。豊臣秀吉は大坂城を拠点に出征をくり返し、有力大名たちをすべて従え、戦国の世を終わらせた。当時、京都には天皇の存在があったものの、天下人・豊臣秀吉のシンボルであった大坂が日本の都ともいえた。

豊臣秀吉が大坂に城を築き、根拠地としたのは、交易を考えてのことだろう。当時、ヨーロッパの勢力も日本にやって来て、交易をはじめていた。東アジアは大きな交易圏になっていて、豊臣秀吉は交易の富を追いかけ、交易圏のなかに入ろうとしたのだ。

豊臣の大坂もまた、日本を西へと誘導するものであった。ただでさえ、当時は外国との交易がブームであり、日本の住人は西を向いていた。そこに豊臣の大坂である。大坂は京都と違い、直接、海に面し、西を向いている。大坂の地政学的誘導にもっとも引っ張られたのは、ほかならぬ豊臣秀吉だろう。

豊臣秀吉は西方世界を意識するあまり、ついには中国大陸の制覇を考えはじめる。そのために朝鮮半島の李朝を道案内にしようと考え、これが朝鮮出兵となる。

朝鮮出兵は豊臣秀吉の死とともに終わるが、その後も豊臣氏が大坂城にいる限り、日本は西へと誘導された。関ヶ原の合戦ののち、徳川家康が江戸に幕府を開いても、その傾向は変わらない。西国大名たちがこぞって交易を進め、巨利を築こうとした。

17世紀前半、日本の西方志向は収束していくが、そこには大坂城の落城が絡んでいるといえるだろう。1615年、徳川家康は大坂城を落城させ、豊臣氏を滅ぼす。これにより、都・大坂による西への地政学的誘導が止まったのだ。以後の日本は江戸を都とする徳川幕府によって、海禁へと向かっていく。

また、神戸を一時的に都としたのは、1180年の平清盛政権である。当時平清盛は後《ご》白河《しらかわ》法皇を幽閉し、独裁的な立場にあった。その清盛率いる平家の基盤は、宋との交易にあったから、平清盛は日宋貿易を盛り上げるべく、都を京都から神戸の福原京に移している。これには畿内での反発が強く、数か月で破綻《はたん》しているから、神戸は地政学的誘導を日本国内に及ぼすまでには至っていないだろう。

ただ、唯一誘導されていた者があったとするなら、ほかならぬ平家だろう。平家は神戸による西への地政学的誘導を受けすぎたのか、その後、源氏相手に形勢が悪くなると、さっさと京都を立ち退《の》いている。

そればかりか、福原も捨てて、さらに西方へと撤退している。このズルズルとした撤退が、結局は平家の京都奪回の気力を低下させ、滅亡の一因にもなったのではないか。

鎌倉にはじまる「東国の都」の地政学的誘導とは

12世紀後半、日本では京都以外にもうひとつの都が育ちはじめる。鎌倉である。

鎌倉の地位が上がるのは、１１８０年に打倒平家のために挙兵した源頼朝が、この地に居を構えてからだ。以後、鎌倉は源頼朝の根拠地となり、彼の指令のもと、源氏は平家との戦いを優位に進めていく。

京都の朝廷も、鎌倉の力を認めざるをえなかった。１１８０年代を通じて、源頼朝は京都の朝廷から多くの権限を獲得し、鎌倉に政権を築いていった。

源頼朝が京都で将軍にはならず、鎌倉に幕府を開いたのは、東国の武士を束ねる者としての矜持《きようじ》からだろう。長く京都から冷遇されてきた東国には、京都からの独立心が強まっていった。そのため、源頼朝は鎌倉にいて、京都とは別物の東国集団をつくろうとしたと思われる。逆に、源頼朝が京都で幕府を開こうものなら、東国の武士集団は彼を見捨てただろう。

源頼朝亡きあと、源氏は三代にして途絶《とだ》えるが、その後に鎌倉の実権を握った北条一族の考えも同じである。もともと北条一族は東国の者だから、その意識は源頼朝よりも強かった。

鎌倉の地位がより上がるのは、1221年の承久《じょうきゅう》の乱によってである。当時、京都の朝廷と鎌倉幕府を牛耳《ぎゅうじ》る執権・北条義時との関係はぎくしゃくし、後鳥羽《ごとば》上皇は北条義時追討の院宣《いんぜん》を発した。

これに対して、東国の兵士は北条義時のもとで結束し、京都の朝廷軍を破り、京都を占拠する。北条義時は天皇家を滅ぼしはしなかったが、乱の首謀者である後鳥羽上皇、順徳《じゅんとく》上皇を島流しにしてしまっている。

この瞬間、京都と鎌倉の地位が逆転したともいえる。勝者である鎌倉が京都よりも優位に立ち、鎌倉の政権は東国どころか西日本にまで、つまり日本全土に支配力を広げたからだ。天皇が存在する京都は依然としてひとつの都であったが、鎌倉はもうひとつの都としての地位を確立させていった。

ただ、鎌倉は東国の都である。日本の都になったとはいえ、京都に対してはどこか依存的でもあった。それは、鎌倉のなす地政学的な誘導でもあるだろう。

鎌倉は、東国にあっては、かなり西方に位置しているのだ。東京のような関東平野の扇の要《かなめ》的な位置でなく、関東の中心から西にずれている。鎌倉は東国においては京都に近く、つまりは、京都から東国への玄関のような場所に位置している。

もともと鎌倉は三方を山に囲まれた海辺に立地していて、守りやすい。天然の要害《ようがい》であるところから頼朝は鎌倉を拠点にしたのだろうが、鎌倉の位置は、東国の住人を京都への依存へと誘導する傾向がある。いかに東国の武士に独立の気風があろうとも、京都の権威に頼るところが出てくるのだ。

実際、鎌倉幕府は、頼朝の血をひく源氏の将軍が三代で途絶えたのち、京都の貴顕《きけん》から将軍を迎えた。初期には摂関家から将軍を、その後は天皇家から親王を将軍に迎え、権威としないことには、幕府は安心できなかったのだ。

さらに、鎌倉の京都依存への地政学的な誘導は、実質的な二都体制にもなっている。鎌倉幕府は、京都を西国の都として位置づけてもいる。

具体的には、承久の乱ののち、鎌倉幕府は京都に六波羅探題《ろくはらたんだい》を設置している。六波羅探題は京都における警察機関のようなもので、天皇を監視するとともに、西国の武士たちを束ねた。鎌倉幕府は六波羅探題のトップには北条家一門の有力者を任命していて、その地位は、鎌倉の執権に次ぐものであった。

六波羅探題がいかに鎌倉幕府にとって重要であったかは、鎌倉幕府の滅亡時によく表れている。鎌倉幕府そのものは新田義貞《にったよしさだ》の軍勢によって滅ぼされているのだが、それより衝撃だったのは、足利高氏《たかうじ》（尊氏）による六波羅探題の攻撃、六波羅の滅亡であった。六波羅探題を滅ぼした声望《せいぼう》もあって、足利高氏はその後、後醍醐《ごだいご》天皇による建武の新政で重用され、ついには室町幕府を開く。

京都と鎌倉の二都並立は、日本の為政者を変えていった。鎌倉幕府の執権と京都の天皇は互いを意識しあうようになり、みずからの優越を模索しはじめた。そして、いかにして住人に寄り添った政治がなせるかが、重要になってくる。

これまで、天皇と貴族たちが畿内の都にあった時代、天皇や貴族も住人の慰撫《いぶ》にはほとんど関心がなかったといっていい。それが、新たな都というライバルが出現したことで、変わっていったように思われる。

足利尊氏はなぜ、鎌倉ではなく京都を都に選んだ?

1330年代は、日本史屈指の激動の時代である。後醍醐天皇の策動もあって、1333年に鎌倉幕府は滅亡する。ここから鎌倉幕府に代わって、後醍醐天皇による建武の新政がはじまる。日本の都は、京都のみに戻されていた。

けれども、足利尊氏の反乱によって建武政権は瓦解《がかい》。1336年、光明《こうみょう》天皇の擁立を背後に、足利尊氏は室町幕府を開く。

この室町幕府をどこに置くかで、議論があった。足利尊氏の弟である直義《ただよし》は、京都に公家の政権を存続させたまま、東国政権の都を鎌倉に置くことを主張した。これに対して、兄・尊氏は室町幕府を京都に置くと定めたのだ。

ひとつには、当時、畿内には後醍醐天皇の味方をする勢力が強かったからだろう。畿内の後醍醐天皇一派の勢力を放置しておくと、やがては鎌倉の脅威になりかねない。足利氏は武力で畿内を制圧しようとし、京都に都を据えた。

と同時に、足利尊氏は西国に可能性を感じたからだろう。尊氏は後醍醐天皇一派の軍勢に敗れ、いったんは京都を捨てて、九州まで落ち延びた経験がある。このときの見聞が、西日本への関心を高めたのではないか。

ともあれ、室町幕府は都を京都に置いたことで、首都・京都の地政学的な誘導を受けていく。京都の地政学的な誘導とは、「朝鮮半島や中国大陸への関心」、つまり西方への興味である。

じつのところ、西への関心は鎌倉幕府にもあり、元帝国相手に私貿易を行なっている。建長寺《けんちょうじ》の再建費用を捻出《ねんしゅつ》するための建長寺船の派遣だが、京都に都を置いた室町幕府は交易の拡大を図った。足利尊氏は個人的に崇敬《すうけい》していた後醍醐天皇の冥福を祈る天竜寺《てんりゅうじ》造営を考えたとき、費用捻出のための天竜寺船を派遣している。

中国大陸で元帝国が北方へ撤退し、明帝国の時代になると、日本の西への関心はさらに強まる。そのひとつが倭寇《わこう》である。倭寇は朝鮮半島や中国大陸を襲う海賊である一方、私貿易で稼ごうとした集団であった。

明帝国と室町幕府の関係は当初、ぎくしゃくしていたが、足利義満《よしみつ》の時代になると、明への朝貢貿易がはじまる。この日明貿易の利益は巨額であり、足利義満は貿易で得た利益をもとに、金ぴかの鹿苑寺《ろくおんじ》（金閣）を造営している。

室町幕府の西への傾斜、つまり貿易志向は、じつのところ室町幕府を不安定にさせていた。室町幕府の特徴は、始祖・足利尊氏以来、大きな領地を持っていないところにある。有力な武家を味方につけるため、彼らに気前よく領地を与えていたからだ。

それでも室町幕府が機能したのは、交易の富があったからだ。交易で十分な利益があげられる限り、室町幕府は安泰なのだが、交易の利益が細くなっていくなら、室町幕府は窮《きゆう》していくしかない。

八代将軍・足利義政《よしまさ》の時代、慈照寺《じしようじ》銀閣に銀を貼れなかったのも、交易による利益の減少が原因であった。明の衰退は、交易を基盤とする足利幕府をも衰退させていたのだ。

応仁・文明《ぶんめい》の乱ののち、室町幕府が有名無実化していく時代も、都が京都にある限り、日本の住人は西へと誘導されつづけた。16世紀も半ばになると、ヨーロッパの勢力も日本に登場するようになったから、西日本での交易はますますさかんになっていった。

室町時代、早くから統治不能になっていた関東

室町幕府が京都に都を置いていた時代、日本では首都・京都による西への誘導がつづいていた。それは、東国を放置するようなものであった。

たしかに、室町幕府は東国の統治を重視していた。第二代将軍・足利義詮《よしあきら》の弟・基氏《もとうじ》を

鎌倉公方《くぼう》に任じ、鎌倉へと派遣していた。鎌倉公方を補佐する関東管領には上杉氏を任じて、鎌倉を東国統治の根拠地とした。

ただ、室町幕府の目が西方に向きがちなだけに、東国では室町幕府の支配を離れた独立意識がしだいに強まる。鎌倉公方からしてそうだった。鎌倉公方は、室町幕府からの独立を図った。

しかも、鎌倉の鎌倉公方、関東管領とて、関東を実力で統治できていたわけではない。自立心の強い関東の武士勢力を、力で抑えこめなかっただけではない。鎌倉公方と関東管領はしばしば対立していたから、関東では戦乱が多発することとなった。

やがて鎌倉公方、関東管領では関東は統治不能に陥り、15世紀半ばから関東は事実上戦国時代に突入していった。京都で応仁・文明の乱が起きるのは1467年のことだが、それよりも早くから関東は戦国化していたのだ。

西向きの京都の政権に、関東を抑えこむ手立てはなかった。

家康の江戸開府によって生じた、日本での三都鼎立

1580年代から1610年代にかけては、日本の都の興亡が激しかった時代となる。

わずかの期間ながら、京都、大坂、江戸と三都が鼎立《ていりつ》することにもなった。

１５８０年代、豊臣秀吉は大坂に城を築き、大坂城を拠点に全国統一を果たす。京都には天皇がいて、大坂城には豊臣家がいて、畿内には二都があった。

豊臣秀吉が没したのち、関ヶ原の合戦に勝利した徳川家康は、１６０３年に征夷大将軍の宣下《せんげ》を受け、江戸に幕府を開いた。江戸は、日本の新たな都となった。

一方、大坂城の豊臣家は65万石程度の大名に転落していたが、徳川幕府に臣従《しんじゅう》したわけではなかった。豊臣家の大坂もまた、ひとつの都でありつづけたともいえる。京都には天皇がいたから、一時的ながら、日本には京都、大坂、江戸という３つの首都が鼎立していたことになる。

江戸に都を置いた徳川家康はといえば、当初はこの三都鼎立を黙認していたようだ。ところが、１６１０年代になると、徳川家康は当初の方針を一変させる。１６１５年、徳川家康は大坂城を落城させ、豊臣家を滅亡に追いこんだ。これにより、大坂が都であった時代は終わる。

並行して徳川幕府は、京都の都としての地位を落とそうとしつづけていた。京都が都であるのは、そこに天皇がいるからだ。徳川家康は、天皇の地位を落とすことこそが、京都の地位を低下させることになると考え、朝廷を厳格な統制下に組みこんでいった。後水《ごみずの》尾《お》天皇は譲位というかたちで徳川幕府に反発したが、天皇の地位低下＝京都の地位低下は明らかだった。

徳川幕府が大坂をただの街にし、京都の地位を低下させていったのは、江戸を日本で無二といえるほどの首都にしたかったからでもあるだろう。江戸城を豊臣家の大坂城よりも巨大な城として造営したし、京都の天皇と大名の交流がないように統制もした。京都の地位が低下し、大坂がただの商都となるなら、江戸は日本の中心地になれるのだ。

地政学的な見地からすれば、大坂、京都の西への誘導を絶ちたかったからでもあるだろう。徳川家康は、交易は嫌いではない。むしろ、交易によって蓄財してきたのだが、交易による蓄財には西の大名ほど熱心になりやすく、しかもそのチャンスが多い。西国大名が交易によって巨大な経済力を持ち、連合するなら、徳川幕府は危うくなる。

徳川家も交易で稼いでいたから、西国大名たちがいかに経済成長を遂げているかは察しがつき、恐れもしただろう。その自己保身から、徳川幕府は、西への誘導力を絶つため、大坂を痛めつけ、京都を管理下に置いたといったところだろう。

こののち、19世紀になって、徳川幕府の命取りとなったのは、貶《おとし》めてきた京都の地位をみずからが引き上げてしまったことだ。江戸時代を通じての儒学熱は勤皇《きんのう》思想を生み出し、京都の朝廷の地位を上げていった。

そこに1850年代、ペリーが浦賀に来航したとき、徳川幕府は対外政策を単独で決める胆力《たんりょく》を失っていた。アメリカの駐日総領事ハリスから通商条約の締結を求められた幕府は、単独では決めきれず、京都の朝廷に勅許《ちょっきょ》を求めた。これにより、朝廷の地位はさらに上昇、天皇の地位は徳川将軍をしのぐほどになってしまった。京都は、反幕府勢力の根城《ねじろ》にさえなっていた。

地位を上昇させた京都が政治、政局の中心地となったとき、江戸にある将軍は京都に赴《おもむ》き、天皇と連携しようとした。将軍の不在は江戸の地位を揺るがせ、徳川の世の終わりを告げるかのようであった。

実際、鳥羽伏見の戦いに敗れた徳川慶喜《よしのぶ》が江戸に帰還したとき、江戸はいったん首都としての時代を停止せねばならなかった。

首都・江戸が有した「フロンティアへの地政学的誘導」とは

徳川家康の開府以来、日本の都となった江戸（東京）は、今日まで都でありつづけてきた。

明治維新ののち、江戸は「東京」と改称され、明治天皇は東京行幸のあと、東京に移り住んだ。このとき以来、東京は日本の唯一の首都となり、京都は都の地位から外れた。

東京に地政学的な誘導があるとすれば、それは「フロンティアへの誘導」だろうか。東京の位置する関東平野は、日本一広い。日本最大のフロンティアとなる可能性は、もともとあった。

ただ、関東には自立心の強い武士集団が多く、抗争をくり広げたため、まとまることがなかった。関東に戦乱がつづく限り、関東はフロンティアとなる出発点を見つけられないままであった。

そこに、16世紀末、徳川家康の関東への転封《てんぽう》である。関東転封は、命令者の豊臣秀吉による徳川家康封じこめの手段であったと思われる。潜在力を秘めた徳川家康を都から遠ざけておくことで政権の安定を図ったのだろうが、徳川家康は関東にフロンティアを見たようだ。

すでに関東は戦国時代を通じて、小田原の北条一族によってかなりの部分が統一されてきている。そこに豊臣秀吉の小田原遠征があり、北条氏は滅びたものの、関東一円の実力者たちはすべて豊臣家に服した。

徳川家康は、統一がなった関東を譲り受けたから、関東をフロンティアと見なせたのだ。だから、関ヶ原の合戦に勝利し、最強の大名になったのちも、京都や大坂を本拠とすることはなかった。広大な関東の開発に懸《か》けていたのだ。

実際、徳川家による江戸の開発は大規模なものとなり、全国から人が集まった。人が集まるということは、そこにフロンティアを見たということである。首都・江戸はフロンティアの象徴となり、日本を誘導した。江戸が百万都市に成長するのも、江戸で空前の大衆文化が開くのもその延長であるだろう。

とくに江戸時代の初期は、日本史において「大開発時代」といわれる。徳川の平和のもと、争いがなくなったから、これまで開発が不可能とされてきた沖積《ちゅうせき》平野や湖沼《こしょう》が開発され、田畑の面積は2倍になったという。その大開発時代を牽引し、地方を誘導していたのは、江戸、そして関東の開発であったのだ。

江戸は日本の住人を「フロンティア」へと誘導していると述べたとき、ならば徳川幕府の海禁政策は何なのだという議論もあるだろう。

それは、すでに述べたとおり、西国大名の経済力を徳川家以上にしないための、徳川幕府の保身である。日本の住人が異国への関心を失ったわけではなく、江戸時代を通じて、機会があれば、彼らは異国の文化に興味を抱いてきた。

たとえば、1853年にペリーが浦賀に来航したときだ。浦賀には多くの見物人が集まり、盛り上がったというから、日本の住人は「フロンティア」に興味を持ちつづけていたのだ。

また、ペリーが江戸湾内の浦賀に現れたという事実は、江戸がはるか遠くの世界とつながっていることを告げていた。このことが江戸時代末期、江戸のフロンティア誘導に強烈に働き、住人に徳川家に代わる新たな政府を求めさせてもいたのではないか。

東京の持つフロンティアへの誘導を封じるワシントン

明治になり、江戸が東京に変わると、東京の持つ「フロンティア誘導」は世界を見つめるものにもなる。

この時代を生きた者は、世界地図を開くことができる。世界地図を見渡すなら、東京の東には太平洋が広がり、対岸にはアメリカがある。瀬戸内海を「内海」としてきた京都と違い、東京は広大な外洋を見たし、すぐれた文明を有していた欧米を意識した。

以後、東京の持つフロンティア誘導は、世界レベルとなる。短期的には、日本の実力を欧米列強並みにし、世界と渡り合える国にする誘導であった。

東京の政権は、海外出兵を厭《いと》わなかった。朝鮮半島、満洲で戦い、さらには中国大陸やモンゴル高原周辺でも戦い、ついにはアメリカ相手に南太平洋で戦いはじめた。日本の海軍はインド洋まで出かけ、イギリス海軍を駆逐《くちく》していた。その無節操なまでの戦線の広がりは、東京のなせるフロンティアへの誘導にもよるだろう。

ただ、日米戦争での敗戦は、東京のフロンティア誘導に歯止めをかけた。敗戦が日本人に反省を求めたからでもあるだろうが、首都・東京の周辺にアメリカ軍が基地を置き、東京を抑制しにかかったからだ。以後、東京はつねにワシントンによって掣肘《せいちゅう》されがちになる。

戦後、日本は経済繁栄にフロンティアを求めたのだが、日本の経済の繁栄がアメリカを上回るほどになると、ワシントンからの歯止めがかかる。かつて日本の最強産業であった半導体にしろ、アメリカの掣肘もあって、成長を止めてしまった。

アメリカ軍が東京周辺に基地を置く時代がつづく限り、東京の持つフロンティア誘導は機能しにくい。しかし、アメリカの時代が終わるなら、またもや日本は東京の持つフロンティア誘導に乗りかかるかもしれない。

◉参考文献

『インド洋圏が、世界を動かす』ロバート・D・カプラン（合同出版）
『バルカンの亡霊たち』ロバート・D・カプラン（NTT出版）
『地政学の逆襲』ロバート・D・カプラン（朝日新聞出版）
『恐怖の地政学』ティム・マーシャル（さくら舎）
『地政学』奥山真司（五月書房）
『100年予測』ジョージ・フリードマン（早川書房）
『続・100年予測』ジョージ・フリードマン（早川書房）
『旧ドイツ領全史』衣笠太朗（パブリブ）
『東アジア・イデオロギーを超えて』古田博司（新書館）
『「統一朝鮮」は日本の災難』古田博司（飛鳥新社）
『ユーラシア帝国の興亡』クリストファー・ベックウィズ（筑摩書房）
『ロシアと中国 反米の戦略』廣瀬陽子（筑摩書房）
『ヴィジュアル版 海から見た世界史』シリル・P・クタンセ（原書房）
『20世紀の戦争』三野正洋、田岡俊次、深川孝行（朝日ソノラマ）
『東欧の歴史』アンリ・ボグダン（中央公論社）
『大航海時代の東南アジアⅠ』アンソニー・リード（法政大学出版局）
『ロシアの二〇世紀』マイケル・ホダルコフスキー（藤原書店）
『最新 世界紛争地図』パスカル・ボニファス、ユベール・ヴェドリーヌ（ディスカバー・トゥエンティワン）
『最新 世界情勢地図』パスカル・ボニファス、ユベール・ヴェドリーヌ（ディスカバー・トゥエンティワン）
『「帝国」ロシアの地政学』小泉悠（東京堂出版）
『世界の歴史29 冷戦と経済繁栄』猪木武徳、高橋進（中央公論新社）
『物語 ウクライナの歴史』黒川祐次（中央公論新社）
『物語ビルマの歴史』根本敬（中央公論新社）
『トルコ現代史』今井宏平（中央公論新社）
『世界各国史15 イタリア史』北原敦編（山川出版社）
『世界各国史18 バルカン史』柴宜弘編（山川出版社）
『ロシア史1・2・3』田中陽兒、倉持俊一、和田春樹（山川出版社）
『世界史図録ヒストリカ』谷澤伸、甚目孝三、柴田博、高橋和久（山川出版社）
『興亡の世界史10 オスマン帝国500年の平和』林佳世子（講談社）
『興亡の世界史14 ロシア・ロマノフ王朝の大地』土肥恒之（講談社）
『新版 トルコ民族の世界史』坂本勉（慶應義塾大学出版会）
『情念戦争』鹿島茂（集英社インターナショナル）
『カラー版 世界史図説2訂版』飯田國雄、石井武夫、宮崎正勝、綿引弘、東京書籍編集部編著（東京書籍）

「首都」の地政学

2023年8月20日　初版印刷
2023年8月30日　初版発行

著者◉内藤博文

企画・編集◉株式会社夢の設計社
東京都新宿区早稲田鶴巻町543　〒162-0041
電話（03）3267-7851（編集）

発行者◉小野寺優

発行所◉株式会社河出書房新社
東京都渋谷区千駄ヶ谷2-32-2　〒151-0051
電話（03）3404-1201（営業）
https://www.kawade.co.jp/

DTP◉株式会社翔美アート

印刷・製本◉中央精版印刷株式会社

Printed in Japan　ISBN978-4-309-50445-2